国家示范性高等职业院校课程改革教材

Gonglu Gongcheng Shiyanshi Jianshe Yu Guanli

公路工程实验室建设与管理

（公路工程检测技术专业用）

赵永生 主编
欧阳伟 主审

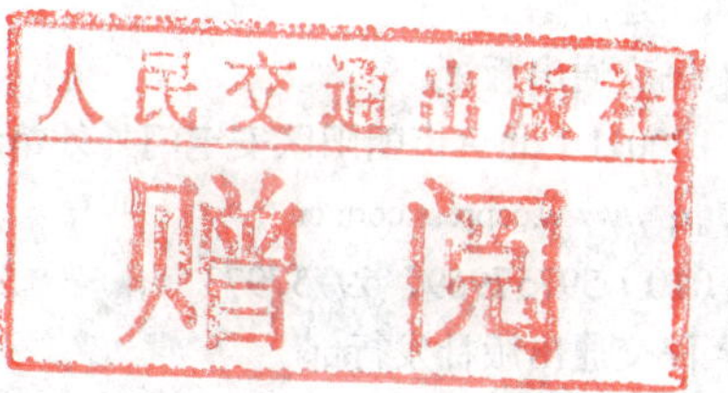

人民交通出版社

内 容 提 要

本书是国家示范性高等职业院校课程改革教材，内容包括：公路工程实验室建设与管理概论，实验室管理、认可基础知识，量值溯源和能力验证，实验室认可准则，实验室质量体系的建立与运行，内部审核。

本书是高职高专院校公路工程检测技术专业教学用书，也可供有关工程技术和管理人员学习参考。

图书在版编目（CIP）数据

公路工程实验室建设与管理 / 赵永生主编．—北京：人民交通出版社，2010.1

ISBN 978-7-114-08060-9

Ⅰ．公…　Ⅱ．赵…　Ⅲ．道路工程－实验室－管理　Ⅳ．U41

中国版本图书馆 CIP 数据核字（2009）第 209347 号

国家示范性高等职业院校课程改革教材

书　　名：公路工程实验室建设与管理（公路工程检测技术专业用）

著 作 者：赵永生

责任编辑：周往莲

出版发行：人民交通出版社

地　　址：（100011）北京市朝阳区安定门外外馆斜街3号

网　　址：http://www.ccpress.com.cn

销售电话：（010）59757969，59757973

总 经 销：人民交通出版社发行部

经　　销：各地新华书店

印　　刷：北京交通印务实业公司

开　　本：787×1092　1/16

印　　张：10

字　　数：238千

版　　次：2011年 1 月　第 1 版

印　　次：2011年 1 月　第 2 次印刷

书　　号：ISBN 978-7-114-08060-9

定　　价：31.00元

道路桥梁工程技术专业课程改革教材
编审委员会

序　言

教育部《关于全面提高高等职业教育教学质量的若干意见》(教高[2006]16号)明确指出:"高等职业教育作为高等教育发展中的一个类型,肩负着培养面向生产、建设、服务和管理第一线需要的高技能人才的使命"。探索类型发展道路、构建高技能人才培养模式、开发特色教学资源,是高职院校的历史责任。

2006年,辽宁省交通高等专科学校进入国家首批高等职业教育示范院校建设行列,道路桥梁工程技术专业是重点建设专业之一。几年来,该专业团队积极在"类型"概念下探索高等职业教育教学资源建设模式和"高技能人才"培养规格及培养模式。通过对公路建设工程整个过程各阶段的职业岗位和典型工作任务的调研、分析、论证,确定了面向施工一线的道路桥梁工程技术专业高技能人才的专业能力规格,即工程勘察与初步道桥设计、工程概算与招投标、材料试验与检测、道桥工程施工与组织、质量验收与评定"五项能力"规格,并结合北方地域气候特点,构建了教学安排与施工季节相结合,教学内容与施工过程相结合,校内实训与企业顶岗实习相结合的"三个结合"人才培养模式。针对"五项能力",按照"三个结合",着眼于实际操作、技术跟踪、综合素质的提高,系统开展课程体系、课程内容改革,并进行相应的教学资源建设,力图通过"在学习中工作,在工作中学习"的教学过程,实现高技能人才的培养目标。

本次出版的系列教材,是专业课程改革和教学资源建设的阶段性成果,是国家示范性建设成果的组成部分,也是全体专业教师、一线工程技术人员共同的智慧结晶和劳动成果。

在教材的开发过程中,得到教育部、国家示范性高等职业院校建设工作协作委员会、辽宁省教育厅等各级领导和诸多专家的关心指导,得到众多企业、行业及兄弟院校的大力支持,在此一并致以崇高的谢意!

由于开发时间短,教学检验尚不充分,错误和不当之处难免,敬请专家、同行指教!

道路桥梁工程技术专业教材开发组

二〇〇九年四月

前　　言

公路工程试验检测工作是公路工程质量管理的重要组成部分，也是工程质量科学管理的重要手段。客观、准确、及时的试验检测数据，是公路工程实践的真实记录，是指导、控制和评定工程质量的科学依据。因此，加强公路工程试验检测管理工作，充分发挥其在质量管理中的重要作用，已成为公路工程质量管理发展的必然趋势。

近年来，随着我国公路建设的标准、规范和试验检测技术的日益发展，对实验室检测人员的业务素质和技术水平提出了更新、更高的要求。为适应这种需要，我校对检测专业学生开设了《公路工程实验室建设与管理》课程，要求学生掌握计量认证与审查认可（验收）方面的知识，提高自身素质，进一步增强责任感，切实提高试验检测工作的质量和水平。只有及时提供真实可靠的检测数据，为指导、控制和评定公路工程实践提供科学的检测结论，才能促进公路工程试验检测工作迈上新的台阶。

随着我国公路基础设施建设投资规模的加大，公路工程试验检测工作将更趋繁重，所以我们必须对此给予高度重视，努力开拓管理思路，提高管理水平，加大管理力度，使公路工程试验检测工作早日走上规范、健康的发展道路。

本书由辽宁省交通高等专科学校赵永生主编，欧阳伟主审。

本教材在编写过程中得到了王彤教授与刘存柱教授的关心和指导，在此表示衷心感谢。

由于作者水平有限，书中难免有不当之处，敬请读者批评指正。

编　者

2009 年 11 月

目　录

第一章

公路工程实验室建设与管理概论

第一节　公路工程实验室起源及特性

一、公路工程实验室起源

1. 计量认证的起源

20 世纪 80 年代初期，随着我国公路建设步伐及经济体制改革进程的不断加快，计划经济一统全国的局面逐渐被多种经济成分共存的新的社会主义市场经济模式所取代。公路管理部门对公路建设企业产（商）品的计划、生产、分配、销售等环节的垄断管理体制，逐步被供需双方的建筑合同机制所替代，因此，也就产生了供需双方的验收检验需求。同时，公路管理部门对公路建设管理职能转为对公路质量监督管理职能，进而形成公路管理部门对检验机构的需求。于是在随后的几年里，从国家到部门、从省（自治区、直辖市）到地市县相继成立了公路工程质量监督检验机构，承担公路管理部门对公路的质量监督抽查及验收、仲裁任务。为了规范这批新成立的公路质检机构和依照其他法律法规设立的专业检验机构的工作行为，提高检验工作质量，交通部门依据国家计量局在 1985 年颁布的《中华人民共和国计量法》（以下简称《计量法》），规定了对检验机构的考核要求。1987 年发布的《计量法实施细则》中，将对检验机构的考核称之为计量认证。《计量法实施细则》实施后，原国家计量局为规范计量认证工作，参照英国实验室认可机构（NAMAS）、欧共体实验室认可机构等国外认可机构对检验机构的考核标准，结合我国实际情况，制订了对检验机构计量认证的考核标准，在试点的基础上于 1987 年开始对我国的检验机构实施计量认证考核。通过 1987 ~ 1990 年 3 年间对检验机构计量认证的考核实践，原国家技术监督局（由国家计量局、国家标准局、国家经委质量局合并而成）发布了我国对检验机构计量认证的考核标准——《产品质量检验机构计量认证技术考核规范》（JJF 1021—1990）（参考采用 ISO/IEC 导则 25—1982）。该规范发布 10 余年来，经考核获得国家质量技术监督局颁发的国家计量认证合格证书（含自愿申请）的国家级和部委级检验机构 41 个，省级质量技术监督部门颁发的省以下计量认证合格证书（含自愿申请）340 多个（含审查认可质检机构）。

2. 公路工程检测中心的起源

20 世纪 80 年代中期，作为政府产品质量监督管理部门的原国家标准局，为监督产（商）品质量，实施产（商）品质量抽查制度，1986 年依照国务院批准实施的《产品质量监督检验测试中心管理试行办法》（以下简称《办法》），在全国范围内开始设立各类国家产品质量监督检验中心。同时，国务院各部门、各省（自治区、直辖市）、各地市县区也相继设立了涉及国民经济各个领域的各类产品质量监督检验机构，对生产和流通领域的产（商）品进行质量监督检验。公路管理部门随之在全国范围内开始设立各类公路工程质量监督检验中心。为了有效地对这些检验机构的工作范围、工作能力、工作质量进行监控和界定，规范检验市场秩序，在《办法》中提出了对检验机构进行审查认可的要求，随后国家技术监督局在 1990 年发布的《标准方法实施条例》（以下简称《标准方法》）中，以法规的形式明确了对设立检验机构的规划、审查条款（《标准方法》第 29 条），并将规划、审查工作称之为"审查认可（验收）"。

为实施对依照《标准方法》设立和授权的产品质量检验机构的审查认可（验收）工作，原国家技术监督局质量监督司于 1990 年颁布《国家产品质量监督检验中心审查认可细则》、《产品质量监督检验所验收细则》、《产品质量监督检验站审查认可细则》（三个细则也采用 ISO/IEC 导则 25—1982），由此开始了对国家、省、地、县各级产品质量监督检验机构的审查认可（验收）工作。历经 10 余年，现已审查认可（验收）国家级产品质量监督检验。10 余年来，我国计量认证、审查认可工作不断发展，目前，经计量认证、审查认证考核合格的产品质量检验机构的专业已涉及机械、电子、冶金、石油、化工、煤炭、地勘、航空、航天、船舶、建筑、水利、公安、公路、铁路、建材、医药、防疫、农药、种子、环保、节能等国民经济各个领域。他们承担了产品质量监督检验、质量仲裁检验、商贸验货检验、药品检验、防疫检验、环境监测、地质勘测、节能监测和进出口等大量的检验检测任务，为政府执法部门打击假冒伪劣商品提供了有力的技术保障，为审判机关裁决各产品质量引发的案件提供了准确的技术依据，为商业贸易双方提供了公证的检验结果，为工农业生产和工程项目出具了科学、准确、可靠的检测数据。

从整体上讲，计量认证、审查认可工作为提高产品质量水平、全民质量意识、国家经济建设作出了不可磨灭的贡献。与此同时，计量认证和审查认可这两项技术考核工作也为政府、社会和用户所接受和认可，计量认证与审查认可已广为人知，CMA、CNAL 已成为国内社会公认的评价检验机构的重要标志。在产品质量检验和检测等领域已将计量认证列为检验市场准入的必要条件。

计量认证与审查认可（验收）在我国开展十几年来，为规范检验机构行为、整顿检验秩序、提高检验工作质量发挥了应有的作用。检验机构本身也通过持续的评审考核，逐步建立起了一套较为完善的质量保证体系，这些检验机构通过十余年的发展成长，现已成为我国质量检验体系中的中坚力量。

进入 21 世纪，特别是为了适应目前国内和国际形势发展以及政府职能转变、实行政事和政企分开、建立廉洁高效的政府管理的要求，把属于企业、事业、中介组织的职能完全放给他们，属于政府职能的仍然要严格依法行政。根据市场经济发展的规律，检验机构应属中介组织。由于历史原因，计量认证和审查认可（验收）工作分别由计量部门和质量监督部门实施，其考核标准差异基本类同，致使检验机构长期接受考核条款相近的两种考核，造成了对检验机构的重复评审。同时，我国入世后，对检验机构的考核标准也需要与国际上对实验室考核的标准趋向一致。国家质量技术监督局为解决重复考核和与国际惯例接轨问题，同时又兼顾我国法律要求和具体国情，决定制订"二合一"评审标准——《产品质量检验机构计量认证/审查认可（验收）评审准则》（以下简称《评审准则》），替代原计量认证考核条款（50 条）和审查认可（验收）条款（39 条）。该"二合一"评审准则已于 2000 年 10 月 24 日发布，于 2001 年 12 月 1 日实施。这将从根本上解决对检验机构的重复评审问题，也是计量认证与审查认可发展的必然结果。该《评审准则》不仅涵盖了《校准和检验实验室能力的通用要求》（GB/T 15481—1995）（等同采用 ISO/IEC 指南 25—1990）的全部内容，同时满足了《计量法》对检验机构计量认证的要求和《中华人民共和国标准化法》对检验机构审查认可(验收)的特殊要术[也参照了ISO/IEC 17025—1999及《检测和校准实验室能力的通用要求》(GB/T 27025—2008)的有关规定]。

我国发布的《评审准则》顺应了对检验机构(实验室)考核的国际潮流。为使国内检验机构适应入世后境外检验机构进入中国检验市场带来的冲击,为国内检验机构走出国门创造了必要的条件,必将对检验机构的发展、壮大和在工作方式方面同国际惯例接轨起到一个新的推进作用。

3. 计量认证/审查认可(验收)与实验室认可的关系及其发展

为了使实验室认可工作同国际通行做法完全一致,使我国的实验室管理水平和检测能力同国际接轨,1994年9月原国家技术监督局成立了中国实验室国家认可委员会(英文缩写CNACL),负责实验室认可工作,其运作程序同国际通行做法完全一致,延行数年来已为国际同行所认同。1999年同亚太实验室认可合作组织(APLAC)有关成员签署了互认协议,2000年又同国际实验室认可合作组织(ILAC)的35个成员签署了互认协议。按照国际惯例,申请实验室认可是实验室的自愿行为。实验室为完善其内部质量体系和技术保证能力向认证机构申请认可,由认证机构对其质量体系和技术能力进行评审,进而作出是否符合认可准则的评价结论。如获得认可证书,则证明其具备向用户、社会及政府提供自身质量保证的能力。

计量认证是我国通过计量立法,对凡是为社会出具公证数据的检验机构(实验室)进行强制考核的一种手段,也可以说计量认证是具有中国特点的政府对实验室的强制认可。

审查认可(验收)是政府质量管理部门对依法设置或授权承担产品质量检验任务的质检机构设立条件、界定任务范围、检验能力考核、最终授权(验收)的强制性管理手段。这种授权(验收)前的评审,当然也完全可以建立在计量认证审查认可评审或实验室认可评审的基础上。这样就可以大大减少对实验室的重复评审,这是多年来质检机构(实验室)一直期盼的。为此,将计量认证和审查认可(验收)评审内容统一,正是我们改革调整发展的真正目的。

综上所述,我们了解到计量认证/审查认可(验收)是法律法规规定的强制性行为,其管理模式为国家和省两级管理,以维护国家法制的需要,其考核工作是在注重国际通行做法的基础上,充分考虑了我国国情和计量认证/审查认可(验收)实践的基础上而实施的。CNACL实验室认可工作是我国完全与国际惯例接轨的一套国家实验室认可体系,目前已有亚太、欧洲、南非和南美洲等地区实验室认可机构承认其认可结果。为促进CNACL认可工作与计量认证/审查认可(验收)工作的逐步统一,1997年5月,国家质量技术监督局以技监局评发[1997]81号文规定:国家产品质检中心"审查认可","计量认证"和省、自治区、直辖市及计划单列市质检所"验收"的评审工作授权给CNACI承担。可以预期,随着中国经济同世界经济的不断融合,中国经济加入世界经济大循环进程的不断推进,政府对检验机构考核的管理模式将逐步改革。到那时计量认证、审查认可(验收)的评审和实验室认可评审的模式必将趋于一致,我国经济发展的轨道也将完成与世界经济的对接。

二、公路工程实验室的特性

公路工程试验检测工作,是公路工程质量管理的重要组成部分,是公路工程质量科学管理的重要手段。客观、准确、及时的试验检测数据,是公路工程实践的真实记录,是指导、控制和评定工程质量的科学依据。因此,加强公路工程试验检测管理工作,充分发挥其在质量管理中的重要作用,已成为公路工程质量管理的必然趋势。交通部①历来对试验检测工作十分重视,在1996年召开的全国交通建设工程质量监督工程监理工作会议上进一步明确,要重视试验检测工作,加强试验检测工作的行业管理。此后,交通部陆续颁布了《公路工程试验检测机构资质管理暂行办法》、《公路、水运工程试验检测人员资质管理暂行办法》、《公路工程试验检测培训管理暂行办法》等法规,公路工程试验检测管理的法规体系已初步形成。在全国范围内,一批有资质的试验检测单位把公路工程建设实践的客观性、准确性、及时性贯穿于公路工程试验检测工作中。

第二节　公路工程实验室建设条件

一、公路工程实验室建设资质的人员、设备与环境要求

交通系统试验检测机构的资质认定工作,以甲、乙、丙级实验室的分级方法进行评定,随着公路、桥梁建设事业的发展有较大的变化,新的试验检测机构等级标准的规定见表1-1~表1-3。

公路工程试验检测人员配备　　表1-1

项目	综合甲级	综合乙级	综合丙级	交通工程专项	桥梁隧道工程专项
持试验检测人员证书总人数	**≥32人**	**≥16人**	**≥7人**	**≥22人**	**≥25人**
持试验检测工程师证书人数	**≥12人**	**≥6人**	**≥3人**	**≥10人**	**≥12人**
持证工程师专业配置	材料、公路专业分别≥3人,桥梁、隧道、交通安全专业分别≥2人	材料专业≥3人,公路专业≥2人,桥梁专业≥1人	材料、公路、桥梁专业分别≥1人	机电工程专业≥6人,安全设施专业≥4人	材料专业≥2人、桥梁、隧道专业分别≥5人
相关专业高级职称人数	≥6人	≥1人	—	≥4人	≥6人
技术负责人	**1.相关专业高级职称;** **2.持试验检测工程师证书;** 3.8年以上试验检测工作经历	**1.相关专业高级职称;** **2.持试验检测工程师证书;** 3.5年以上试验检测工作经历	**1.相关专业中级职称;** **2.持试验检测工程师证书;** 3.5年以上试验检测工作经历	**1.相关专业高级职称;** **2.持试验检测工程师证书;** 3.8年以上试验检测工作经历	**1.相关专业高级职称;** **2.持试验检测工程师证书;** 3.8年以上试验检测工作经历
质量负责人	**1.相关专业高级职称;** **2.持试验检测工程师证书;** 3.8年以上试验检测工作经历	**1.相关专业中级职称;** **2.持试验检测工程师证书;** 3.5年以上试验检测工作经历	**1.相关专业中级职称;** **2.持试验检测工程师证书;** 3.5年以上试验检测工作经历	**1.相关专业高级职称;** **2.持试验检测工程师证书;** 3.8年以上试验检测工作经历	**1.相关专业高级职称;** **2.持试验检测工程师证书;** 3.8年以上试验检测工作经历

注:表中黑体字为强制性要求,一项不满足视为不通过。

① 交通部已更名为交通运输部。

公路工程试验检测能力基本要求及主要仪器设备

表 1-2

等级	序号	项目	主要试验检测参数	设备配置
综合甲级	1	土	**颗粒级配,界限含水率,最大干密度,最佳含水率,CBR,比重,天然稠度**,回弹模量,粗粒土最大干密度,凝聚力,内摩擦角,自由膨胀率,烧失量,有机质含量	**标准筛,摇筛机,密度计,电子天平,烘箱,光电液塑限联合测定仪,自动击实仪,脱模器,CBR 试验装置(路面材料强度仪或其他荷载装置),比重瓶**,杠杆压力仪,承载板及测力装置,表面振动压实仪,三轴仪,自由膨胀率测定装置,高温炉,分析天平
	2	集料	**颗粒级配,针片状颗粒含量,压碎值,磨耗值,磨光值,细集料含泥量,砂当量,吸水率**,密度,坚固性,碱活性,软弱颗粒含量,细集料棱角性,含水率,泥块含量,有机质含量,亚甲蓝值 MBV,矿粉亲水系数	**标准筛(砂、石筛),摇筛机,烘箱,电子天平,规准仪,游标卡尺,压碎值试验仪,压力机,洛杉矶磨耗机,加速磨光机,摆式摩擦系数测定仪,砂当量仪**,李氏比重瓶,细集料棱角性测定仪,叶轮搅拌机,测长仪及配件,应力环及测试装置
	3	岩石	**单轴抗压强度**,抗冻性,含水率,密度,毛体积密度,吸水率	**压力机,电动切石机,游标卡尺**,砂轮磨平机,低温试验箱,电子天平,烘箱,抽气设备
	4	水泥	**密度,比表面积,标准稠度用水量,凝结时间,安定性,胶砂强度**,胶砂流动度,烧失量,SO_3 含量,MgO 含量	**电子天平,Blaine 透气仪,透气比表面积仪,水泥净浆搅拌机,标准法维卡仪,沸煮箱,雷氏夹,胶砂搅拌机,振实台,标准恒温恒湿养护箱,电动抗折试验机,恒应力压力机,凝结时间测定仪**,水泥胶砂流动度测试仪,高温炉,滴定装置
	5	水泥混凝土、砂浆	**抗压强度,抗折强度,抗压弹性模量,配合比设计,坍落度,含气量,混凝土凝结时间,抗渗性,表观密度**,泌水率,劈裂抗拉强度,抗折弹性模量,抗冻性,耐磨性,砂浆稠度,分层度,干缩率	**标准养护室,水泥混凝土搅拌机,振动台,压力机(材料试验机),抗折试验夹具,千分表,坍落度筒,含气量测定仪,混凝土贯入阻力仪,混凝土渗透仪,容量筒**,劈裂试验夹具,冻融试验机,混凝土动弹性模量测定仪,混凝土磨耗试验机,水泥砂浆搅拌机,水泥砂浆稠度仪,水泥砂浆分层度仪,干缩养护箱,比长仪
	6	水、外加剂	**pH 值,氯离子含量,减水率,泌水率比,抗压强度比**,不溶物含量,可溶物含量,硫酸盐及硫化物含量,含气量,凝结时间差,外加剂的钢筋锈蚀,匀质性	**酸度计,分析天平,滴定设备,烘箱,压力机**,混凝土贯入阻力仪,含气量测定仪,阳极极化仪或钢筋锈蚀测量仪
	7	无机结合料稳定材料	**最大干密度,最佳含水率,无侧限抗压强度,水泥或石灰剂量,石灰有效钙镁含量,粉煤灰细度,粉煤灰烧失量**,粉煤灰比表面积,SiO_2、Al_2O_3、Fe_3O_4 含量	**自动击实仪,压力机,路面材料强度仪,脱模器,标准养护室,滴定设备,电子天平,负压筛析仪,烘箱,电炉,分析天平,高温炉**,Blaine 透气仪

续上表

等级	序号	项目	主要试验检测参数	设备配置
综合甲级	8	沥青	密度,针入度,针入度指数,延度,软化点,薄膜加热试验,旋转薄膜加热试验,闪点,蜡含量,黏附性,动力黏度,布氏旋转黏度,改性沥青弹性恢复率,改性沥青的离析性,沥青化学组分,运动黏度,恩格拉黏度,黏韧性,乳化沥青蒸发残留物含量,乳化沥青筛上残留物含量,乳化沥青微粒粒子电荷,乳化沥青储存稳定性,乳化沥青破乳速度	比重瓶,分析天平,自动针入度仪,恒温水槽,烘箱,低温延度仪,软化点仪,闪点仪,薄膜烘箱,电子天平,旋转薄膜烘箱,蜡含量测定仪,真空减压毛细管黏度计,秒表,布氏旋转黏度仪,毛细管黏度计,真空泵,恩格拉黏度计,黏韧性试验仪,滤筛(1.18mm),电极板,沥青乳液稳定性试验管,标准筛,电炉,冰箱
	9	沥青混合料	配合比设计,密度,马歇尔稳定度,空隙率,矿料间隙率,流值,最大理论密度,动稳定度,沥青用量,矿料级配,抗弯拉强度,冻融劈裂强度比,沥青析漏损失,飞散损失	沥青混合料拌和机,浸水天平,电子天平,烘箱,马歇尔自动击实仪,马歇尔稳定度仪,恒温水槽,脱模器,真空负压装置,轮碾成型机,车辙试验机,沥青抽提仪(或燃烧炉),标准筛,摇筛机,路面材料强度仪,恒温冰箱
	10	钢筋(含接头)	抗拉强度,屈服强度,伸长率,冷弯	万能材料试验机,弯曲装置,游标卡尺,标距打点机
	11	锚具、钢绞线	最大力,规定非比例延伸力,最大力总伸长率,锚固效率系数,总应变,洛氏硬度,弹性模量,松弛率,组装件疲劳试验,周期荷载试验,辅助性试验	大行程万能试验机,引伸仪,锚具试验系统,洛氏硬度计,松弛试验机,疲劳试验机
	12	板式橡胶支座	抗压弹性模量,抗剪弹性模量,极限抗压强度,抗剪黏结性能,抗剪老化	压力机(≥5 000kN),剪切侧向加载系统,老化箱,游标卡尺,变形测量装置
	13	土工合成材料	拉伸强度,延伸率,梯形撕裂强度,顶破强度,厚度,单位面积质量,垂直渗透系数	材料试验机,各种专用夹具,厚度测定仪,电子天平,钢尺,渗透系数测定仪
	14	路基路面	厚度,压实度,平整度,土基回弹模量,弯沉,构造深度,摩擦系数,渗水系数,车辙、几何尺寸	路面雷达测试系统,环刀,灌砂筒,天平,取芯机,激光平整度仪,承载板,贝克曼梁,自动弯沉仪(落锤或连续式),激光构造深度测试仪,摩擦系数测试设备(横向力或制动力式),摆式仪,路面渗水仪,车辙自动测定仪,全站仪(或经纬仪和测距仪)、水准仪、钢尺、核子密度仪或无核密度仪

续上表

等级	序号	项　目	主要试验检测参数	设 备 配 置
综合甲级	15	地基基础、基桩	**地基承载力，地表沉降，基桩完整性，基桩承载力**，深层水平位移，成孔质量	**承载板及测试装置，水准仪，基桩动测仪，超声波检测仪，千斤顶加载装置，位移测试装置**，静力触探仪，动力触探仪，测斜仪，百米钻机（配标准贯入设备，泥浆泵，岩芯管钻头，取样器等），成孔质量检测装置
	16	结构混凝土	**强度，混凝土碳化深度，钢筋位置及保护层厚度，表观及内部缺陷**，钢筋锈蚀电位，氯离子含量，混凝土电阻率	**回弹仪，取芯机，压力机，非金属超声波检测仪，碳化深度测量装置，钢筋保护层测定仪，裂缝测量装置**，钢筋锈蚀测量仪，氯离子含量测定仪或化学滴定装置，混凝土电阻率测量仪
	17	桥梁结构、构件	**静态、动态应变（应力），变形（位移），模态参数（频率、振型、阻尼比），承载能力**	**静态应变测量与采集设备（至少两种原理设备，测点总数不少于100个），动态应变测量、采集与分析设备（不少于16通道），全站仪，变形测量装置，精密水准仪，测振传感器，裂缝测量装置**，钢筋锈蚀测量仪，氯离子含量测定仪或化学滴定装置，桥梁检查车（平台）
	18	隧道	**断面尺寸，锚杆拉拔力**，支护（衬砌）背后的空洞，衬砌厚度，地质观察，周边位移，拱顶下沉，CO浓度，烟雾浓度，照度，噪声	**激光断面仪，锚杆拉拔仪**，地质雷达，收敛计，精密水准仪，CO浓度检测仪，光透过率仪，照度计，精密声级计
	19	交通安全设施（标志、标线、护栏、隔离栅等）	**外观及几何尺寸，反光标志逆反射系数，反光标线逆反射系数，标线涂层厚度，标线抗滑性能，突起路标发光强度系数，色度性能（表面色），金属构件防腐层性能，立柱（支撑）竖直度**，拼接螺栓抗拉荷载，反光膜抗拉荷载，反光膜附着性能，玻璃珠含量，涂料抗压强度，涂料耐磨耗性能，突起路标抗压荷载，突起路标抗冲击性能	**几何测量量（刃）具，反光标志逆反射系数测试仪，反光标线逆反射系数测试仪，标线涂层厚度测试仪，摆式摩擦系数测定仪，突起路标发光强度系数测试仪，色彩色差仪（表面色），磁性涂层测厚仪，超声波测厚仪，电涡流涂层测厚仪，分析天平，电子天平，气流式盐雾腐蚀试验箱**，1.0级电子万能材料试验机（量程不小于200kN），0.5级电子万能材料试验机，反光膜附着性能测定仪，玻璃珠筛分器，恒温恒湿环境试验箱（均匀性不超过±1℃），漆膜磨耗仪，突起路标抗冲击试验装置或落球冲击试验机

续上表

等级	序号	项目	主要试验检测参数	设备配置
综合乙级	1	土	**颗粒级配,界限含水率,最大干密度,最佳含水率,CBR**,天然稠度,比重,回弹模量,有机质含量,烧失量	**标准筛,摇筛机,密度计,电子天平,烘箱,光电液塑限联合测定仪,自动击实仪,脱模器,CBR 试验装置(路面材料强度试验仪或其他荷载装置)**,比重瓶,杠杆压力仪,承载板及测力装置,分析天平,高温炉
	2	集料	**颗粒级配,针片状颗粒含量,压碎值,磨耗值,细集料含泥量,砂当量**,坚固性,密度,吸水率,软弱颗粒含量,细集料棱角性,含水率,泥块含量,有机质含量,亚甲蓝值 MBV,矿粉亲水系数	**标准筛(砂、石筛),摇筛机,烘箱,电子天平,规准仪,游标卡尺,压碎值试验仪,压力机,洛杉矶磨耗机,加速磨光机,摆式摩擦系数测定仪,砂当量仪**,李氏比重瓶,细集料棱角性测定仪,叶轮搅拌机,测长仪及配件,应力环及测试装置
	3	岩石	**单轴抗压强度**,抗冻性,含水率,密度,毛体积密度,吸水率	**压力机,游标卡尺**,电动切石机,砂轮磨平机,低温试验箱,电子天平,烘箱,抽气设备
	4	水泥	**密度,比表面积,凝结时间,安定性,胶砂强度**,标准稠度用水量,烧失量,胶砂流动度	**电子天平,透气比表面积仪,水泥净浆搅拌机,标准法维卡仪,雷氏夹,沸煮箱,胶砂搅拌机,振实台,标准恒温恒湿养护箱,电动抗折试验机,恒应力压力机,凝结时间测定仪**,水泥胶砂流动度测试仪,高温炉
	5	水泥混凝土、砂浆	**抗压强度,抗折强度,配合比设计,坍落度,含气量,混凝土凝结时间,抗渗性,表观密度**,抗压弹性模量,泌水率,劈裂抗拉强度,抗折弹性模量,砂浆稠度,分层度 ,干缩率	**标准养护室,水泥混凝土搅拌机,振动台,材料试验机,抗折试验夹具,千分表,坍落度筒,含气量测定仪,混凝土贯入阻力仪,混凝土渗透仪,容量筒**,劈裂试验夹具,水泥砂浆搅拌机,水泥砂浆稠度仪,水泥砂浆分层度仪,干缩养护箱,比长仪
	6	水,外加剂	**pH 值,氯离子含量,减水率,抗压强度比**,泌水率比,不溶物含量,可溶物含量,硫酸盐及硫化物含量,含气量,凝结时间差,外加剂的钢筋锈蚀试验	**酸度计,分析天平,滴定设备,烘箱,压力机**,混凝土贯入阻力仪,含气量测定仪,阳极极化仪或钢筋锈蚀测量仪
	7	无机结合料稳定材料	**最大干密度,最佳含水率,无侧限抗压强度,水泥或石灰剂量,石灰有效钙镁含量**,粉煤灰细度,粉煤灰烧失量,粉煤灰比表面积	**自动击实仪,压力机,路面材料强度仪,脱模器,标准养护室,滴定设备,电子天平,烘箱,电炉,分析天平**,负压筛析仪,高温炉, Blaine 透气仪

续上表

等级	序号	项　　目	主要试验检测参数	设备配置
综合乙级	8	沥青	针入度，延度，软化点，闪点，黏附性，薄膜加热试验，密度，动力黏度，改性沥青弹性恢复率，改性沥青的离析性，乳化沥青储存稳定性，乳化沥青破乳速度，乳化沥青微粒粒子电荷，乳化沥青筛上残留物含量	自动针入度仪，烘箱，恒温水槽，低温延度仪，软化点仪，闪点仪，薄膜烘箱，电子天平，比重瓶，分析天平，真空减压毛细管黏度计，滤筛(1.18mm)，沥青乳液稳定性试验管，电极板，标准筛，电炉，冰箱
	9	沥青混合料	马歇尔稳定度，流值，空隙率，矿料间隙率，沥青用量，矿料级配，动稳定度，最大理论密度	沥青混合料拌和机，马歇尔自动击实仪，马歇尔稳定度仪，烘箱，恒温水槽，脱模器，沥青抽提仪(或燃烧炉)，电子天平，标准筛，摇筛机，轮碾成型机，车辙试验机，最大理论密度测定仪，真空负压装置，路面材料强度测试仪
	10	钢筋(含接头)	抗拉强度，屈服强度，伸长率，冷弯	万能材料试验机，弯曲装置，游标卡尺，标距打点机
	11	路基路面	厚度，压实度，平整度，弯沉，构造深度，摩擦系数，渗水系数，几何尺寸，土基回弹模量	环刀，灌砂筒，天平，取芯机，弯沉测试设备，平整度测试设备，摩擦系数测试设备，构造深度测试仪，路面渗水仪，全站仪(或经纬仪和测距仪)，水准仪，钢尺，承载板
	12	地基基础、基桩	地基承载力，地表沉降，基桩完整性	承载板及测试装置，水准仪，静力触探仪，动力触探仪，压力机，基桩动测仪，超声波检测仪
	13	结构混凝土	强度，混凝土碳化深度，钢筋位置及保护层厚度，表观及内部缺陷	回弹仪，取芯机，压力机，碳化深度测量装置，钢筋位置及保护层测定仪，非金属超声波检测仪，裂缝测量装置
综合丙级	1	土	颗粒级配，界限含水率，最大干密度，最佳含水率，天然稠度，有机质含量，比重	标准筛，摇筛机，密度计，电子天平，烘箱，光电液塑限联合测定仪，自动击实仪，脱模器，杠杆压力仪，承载板及测力装置，分析天平，比重瓶
	2	集料	颗粒级配，压碎值，针片状颗粒含量，密度，含水率，泥块含量，矿粉亲水系数	标准筛，摇筛机，压碎值测定仪，压力机，针片状规准仪，游标卡尺，李氏比重瓶
	3	水泥	凝结时间，安定性，胶砂强度，标准稠度用水量	水泥净浆搅拌机，标准法维卡仪，雷氏夹，沸煮箱，胶砂搅拌机，振实台，标准恒温恒湿养护箱，电动抗折试验机，恒应力压力机，凝结时间测定仪

续上表

等级	序号	项目	主要试验检测参数	设备配置
综合丙级	4	水泥混凝土、砂浆	抗压强度，抗折强度，配合比设计，坍落度，含气量，砂浆稠度，分层度	标准养护室，水泥混凝土搅拌机，标准振动台，材料试验机，抗折试验夹具，坍落度筒，水泥砂浆搅拌机，水泥砂浆稠度仪，水泥砂浆分层度仪
	5	外加剂	减水率，抗压强度比，泌水率比，凝结时间差，含气量，外加剂的钢筋锈蚀试验	压力机、混凝土贯入阻力仪，含气量测定仪、钢筋锈蚀测量仪
	6	无机结合料稳定材料	最大干密度，最佳含水率，无侧限抗压强度，水泥或石灰剂量，石灰有效钙镁含量	标准电动击实仪，压力机，路面材料强度试验仪，烘箱，恒温恒湿养护室（箱），脱模器，电子天平，滴定设备，分析天平
	7	沥青	针入度，延度，软化点，黏附性，沥青密度	针入度仪，恒温水槽，烘箱，低温延度仪，软化点仪，电炉，比重瓶，分析天平
	8	沥青混合料	马歇尔稳定度，流值，空隙率，矿料间隙率，沥青用量，矿料级配	沥青混合料拌和机，马歇尔自动击实仪，烘箱，马歇尔稳定度仪，恒温水槽，脱模器，沥青抽提仪（或燃烧炉），电子天平，标准筛
	9	钢筋（含接头）	抗拉强度，屈服强度，伸长率，冷弯	万能材料试验机，弯曲装置，游标卡尺，标距打点机
	10	路基路面	厚度，压实度，弯沉，平整度，摩擦系数，构造深度	环刀，灌砂筒，天平，取芯机，贝克曼梁，3m 直尺，摆式摩擦系数测定仪，人工铺砂仪
	11	结构混凝土	强度，表观缺陷，混凝土碳化深度	回弹仪，取芯机，压力机，碳化深度测量装置，裂缝观测装置
交通工程专项	1	例行试验	环境温度试验，环境湿度试验，一般盐雾试验，耐化学溶剂腐蚀试验，振动试验，冲击试验，循环盐雾腐蚀试验，人工加速耐候性试验	步入式环境试验箱（不小于 $12m^3$），气流式盐雾腐蚀试验箱，化学试验器皿，分析天平（感量 0.1mg），架盘天平，电子天平（感量 0.01g），电磁振动试验台（不小于 30kN 推力），循环盐雾腐蚀试验箱，6 500W 水冷氙弧灯老化试验箱，紫外光老化试验箱
	2	电性能检测	电压，电流，电阻，接地电阻，视频传输性能，数据传输性能，电气绝缘强度，IP 防护等级	数字万用表，钳形电流表，接地电阻表，视频信号发生器，视频测量仪，低速数据测试仪（50bit/s ~ 10Mbit/s），通信性能综合分析仪（速率不小于 2.5Gbit/s），兆欧表，耐电压测试仪，密封防尘试验箱（不小于 $8m^3$），喷淋试验装置

续上表

等级	序号	项　　目	主要试验检测参数	设 备 配 置
交通工程专项	3	光学量检测	发光强度，照度，亮度，表面色，逆反射色，绝对法测发光强度系数，绝对法测逆反射系数	光强计，照度计，非接触型亮度色度计，色彩色差仪，标准A光源，暗室（箱）（有效空间不小于20m×2m×2m），标准逆反射测试系统（30.48m）
	4	原材料性能	耐环境应力开裂性能，非金属材料硬度，金属材料力学性能，非金属材料力学性能，耐热应力开裂，维卡软化点，热变形温度，氧指数，熔体流动速率，粉末涂层光泽度，高分子材料官能团分析，金属材料化学成分分析，循环盐雾腐蚀试验，人工加速耐候性试验	耐环境应力开裂试验装置，邵式硬度计，巴氏硬度计，1.0级电子万能材料试验机（量程不小于200kN），0.5级电子万能材料试验机（分辨力1 N），耐热应力开裂试验装置，维卡软化点测定仪，热变形温度测量仪，氧指数测定仪，熔体流动速率测定仪，光泽度仪，红外光谱分析仪，光谱直读分析仪，循环盐雾腐蚀试验箱，6 500W水冷氙弧灯老化试验箱，紫外光老化试验箱
	5	防腐层质量	金属涂层对金属基底的附着性能，附着量，平均厚度，均匀性，高分子涂层附着性能，抗弯曲性能，耐冲击性能，耐湿热性能，耐盐雾腐蚀性能，耐化学溶剂腐蚀性能，耐低温脆化性能，循环盐雾腐蚀试验，人工加速耐候性试验	涂层附着力测定锤，化学试验器皿，分析天平（感量0.1mg），架盘天平，电子天平（感量0.01g），游标卡尺，板厚千分尺，磁性涂层测厚仪，超声波测厚仪，漆膜弯曲试验装置，漆膜耐冲击测定器，小型恒温恒湿环境试验箱（均匀性不超过±1℃），电热恒温干燥箱，气流式盐雾腐蚀试验箱，化学试验器皿，脆化温度试验箱，电涡流涂层测厚仪，循环盐雾腐蚀试验箱，6 500W水冷氙弧灯老化试验箱，紫外光老化试验箱
	6	交通安全设施	波形梁钢护栏安装质量及性能测试，反光膜性能测试，交通标志板安装质量及性能测试，热熔型路面标线涂料性能测试，道路交通标线施工质量及性能测试，路面标线用玻璃微珠性能测试，突起路标安装质量及性能测试，轮廓标安装质量及性能测试，隔离设施安装质量及性能测试，防眩设施安装质量及性能测试，混凝土护栏安装质量及性能测试，缆索安装质量及性能测试，金属材料化学成分分析，耐候性，热熔型路面标线涂料密度、不粘胎干燥时间、耐水性、耐碱性、加热残留份、流动度，路面标线用玻璃微珠折射率、密度、耐水性	几何测量量具刃具，反光标志逆反射系数测试仪，反光膜附着性能测定装置，反光膜抗冲击性能测试仪，恒温恒湿环境试验箱，反光标线逆反射系数测试仪，漆膜磨耗仪，标线涂层厚度测试装置，摆式摩擦系数测试仪，玻璃珠筛分器，标准筛，放大镜（不小于100倍）加标准液，突起路标发光强度系数测试仪，突起路标抗冲击试验装置或落球冲击试验机，轮廓标发光强度系数测试仪（或标准逆反射测试系统），轮廓标耐密封测量装置，压力机（不小于600kN）、测力计，光谱直读分析仪，6 500W水冷氙弧灯老化试验箱，紫外光老化试验箱，不粘胎时间测定仪，流动度测定杯

续上表

等级	序号	项　　目	主要试验检测参数	设备配置
交通工程专项	7	通信管道与基础	外观质量，外形尺寸，材料力学性能，塑料通信管内壁摩擦系数，塑料管道耐压爆破性能，管道密封性能，耐落锤冲击性能，塑料管弯曲半径，管道基础压实度，人（手）孔防水，高程	几何测量量（刃）具，1.0级电子万能材料试验机（量程不小于100kN），0.5级电子万能材料试验机（含引伸计），分析天平，电子天平，化学器皿，塑料通信管内壁摩擦系数测定仪，微机控制管材耐压爆破试验机，落锤式冲击仪，弯曲半径试验装置，灌砂筒，全站仪或水准仪
	8	监控设施	车辆检测器安装质量及性能测试，气象检测器安装质量及性能测试，闭路电视监视系统安装质量及性能测试，可变标志安装质量及性能测试，监控（分）中心设备安装及软件调测，大屏幕投影系统性能，计算机监控软件与网络性能测试，光电缆线路安装质量及性能测试，地图板安装质量及性能测试	几何测量量（刃）具，测速雷达，低速数据测试仪，兆欧表，耐电压测试仪，全站仪，风速风向计，视频信号发生器，视频测量仪，亮度计，数字式万用表，接地电阻测试仪，温湿度计，照度计，数字存储示波器（不小于500MHz），网络线缆认证测试仪，网络性能分析仪，网络协议分析仪，目测及功能现场测试，OTDR，光源，光功率计，电缆故障综合测试仪
	9	通信设施	通信管道（含双壁波纹管，高密度聚乙烯硅芯管，玻璃纤维增强塑料管道及电缆管箱）与光电缆线路的技术参数及安装质量，光纤数字传输设备安装质量及系统测试，数字程控交换设备安装质量及系统测试，紧急电话设备安装质量及系统测试，通信电源性能，无线移动通信系统测试	几何测量量（刃）具，OTDR，电缆故障综合测试仪，话缆串扰测试仪，通信性能综合分析仪（速率不小于2.5Gbit/s），光源，光功率计，可变光衰减器，时基铷钟，市话模拟呼叫器，声级计，通用信号发生器，数字式万用表，钳形电流表，接地电阻测试仪，兆欧表，耐电压测试仪，数字存储示波器，杂波表，话路传输分析仪，场强计，功率计，频谱分析仪，高压测试系统
	10	收费设施	入口车道设备性能及安装质量，出口车道设备性能及安装质量，收费站设备性能及软件测试，IC卡及发卡编码系统测试，内部有线对讲及紧急报警系统测试，收费系统计算机网络性能测试，收费中心设备及软件测试，收费站内光电缆及塑料管道参数及安装质量	亮度计，照度计，数字式万用表，接地电阻测量仪，兆欧表，耐电压测试仪，数字存储示波器（不小于500MHz），视频信号发生器，视频测量仪，网络线缆认证测试仪，电缆故障综合测试仪，目测及功能现场测试，几何测量量具，OTDR，光源，光功率计，电缆故障综合测试仪
	11	低压配电设施	中心（站）内低压配电设备性能及安装质量，外场设备电力电缆线路参数及安装质量	数字式万用表，接地电阻测试仪，兆欧表，耐电压测试仪，电力谐波表，相位表，电缆故障综合测试仪，高压测试系统
	12	照明设施	照度及均匀度，灯杆基础尺寸，法兰和地脚几何尺寸，灯杆壁厚，灯杆垂直度，灯杆横纵向偏差，金属灯杆防腐涂层厚度，避雷针或接闪器高度	几何测量量（刃）具，照度计，亮度计，超声波测厚仪，全站仪（或测距仪和经纬仪），磁性涂层测厚仪，超声波测厚仪，电涡流涂层测厚仪

续上表

等级	序号	项　目	主要试验检测参数	设备配置
交通工程专项	13	隧道机电设施	环境检测设备性能及安装质量，报警与诱导设施性能及安装质量，通风设施性能及安装质量，照明设施性能及安装质量，本地控制器性能及安装质量，隧道监控中心计算机控制系统测试，消防设施性能及安装质量，隧道监控中心计算机网络测试	CO测试仪，烟雾传感器，能见度仪，几何测量量（刃）具，全站仪，风速风向计，测速雷达，低速数据测试仪，兆欧表，耐电压测试仪，视频信号发生器，视频测量仪，亮度计，数字式万用表，接地电阻测试仪，温湿度计，照度计，数字存储示波器（不小于500MHz），网络线缆认证测试仪，网络性能分析仪，网络协议分析仪，电缆故障综合测试仪，OTDR，光源，光功率计，电力谐波表，相位表，高压测试系统
桥梁隧道工程专项	1	结构混凝土	强度，混凝土碳化深度，钢筋位置及保护层厚度，表观及内部缺陷，钢筋锈蚀电位，氯离子含量，混凝土电阻率	回弹仪，取芯机，压力机，碳化深度测量装置，钢筋位置及保护层测定仪，非金属超声波检测仪，裂缝测量装置，钢筋锈蚀测量仪，混凝土电阻率测量仪，氯离子含量测定仪或化学滴定装置
	2	桥梁结构检测与监测	静态、动态应变（应力），变形，位移，模态参数（频率，振型，阻尼比），索力，承载能力，桥梁线形，温度，加速度，速度，风速	静态应变测量与采集设备（至少要有两种原理设备，测点总数不少于200个），动态应变测量，采集与分析设备（测点数不少于16通道），全站仪，变形测量装置，水准仪，测振传感器，温度测量装置，索力测量装置，GPS测量系统，风速仪，桥梁检查车（平台）
	3	地基基础、基桩	地基承载力，地表沉降，深层水平位移，基桩完整性，基桩承载力，特殊地基处理性能，成孔质量	承载板及测试装置，水准仪，测斜仪，静力触探仪、动力触探仪，压力机，超声波检测仪，低应变仪，承载力测试装置，千斤顶加载装置，位移测试装置，高应变仪，百米钻机（配标准贯入设备，泥浆泵，岩芯管钻头，取样器等），成孔质量检测装置
	4	钢筋（含接头）	抗拉强度，屈服强度，伸长率，冷弯	万能材料试验机，游标卡尺，标距打点机
	5	锚具、钢绞线	最大力，规定非比例延伸力，最大力总伸长率，弹性模量，松弛率，静载锚固性能（锚固效率系数，总应变），洛氏硬度，周期荷载试验，组装件疲劳试验，辅助性试验	大行程万能试验机，松弛试验机，引伸仪，锚具试验系统，洛氏硬度计，疲劳试验机
	6	桥梁支座	外观及内在质量，竖向压缩变形，抗压弹性模量，抗剪弹性模量，极限抗压强度，抗剪黏结性能，抗剪老化，盆环径向变形，支座摩擦系数，支座转动力矩	压力机（≥5 000kN），剪切侧向加载系统，老化箱，游标卡尺，厚度塞尺

续上表

等级	序号	项目	主要试验检测参数	设备配置
桥梁隧道工程专项	7	伸缩缝	**外形尺寸,外观质量,组装质量,防水性能**,拉伸压缩时最大水平摩阻力,拉伸压缩时变位均匀性	**钢直尺,游标卡尺,厚度塞尺**,力学性能试验装置
	8	波纹管	**外观质量,外形尺寸,环刚度,局部横向荷载,柔韧性**,抗冲击性	**钢直尺,游标卡尺,小型电子万能试验机(带加载工装),柔韧性专用工装**,落锤冲击试验机,低温装置
	9	钢结构	**几何尺寸,防护涂装,高强螺栓扭矩**,钢材及焊缝无损探伤	**全站仪(或经纬仪和测距仪),水准仪,钢尺,涂层厚度仪,扭力扳手,金属超声波探伤仪**,射线探伤仪,磁粉探伤仪,超声测力计
	10	隧道结构	**断面尺寸,锚杆拉拔力,支护(衬砌)背后的空洞,衬砌厚度**	**隧道激光断面仪,锚杆拉拔仪,地质雷达,电钻或地质雷达**
	11	隧道围岩稳定性及支护监控量测	**周边位移,拱顶下沉**,锚杆轴力,地表下沉,围岩内部位移,围岩压力及两层支护间压力,钢支撑内力	**收敛计,精密水准仪,钢筋应力计及测量装置**,多点位移计及测量装置,压力盒,表面应变计
	12	隧道环境检测	**照度,噪声,CO 浓度,风速**,烟雾浓度	**照度计,精密声级计,CO 浓度检测仪**,风速计,光透过率仪
	13	隧道施工超前地质预报	**前方地质的变化情况,灾害体的分布及性质**	**超前地质预报仪(地震探测仪或地质雷达探测仪)**

注:1. 所列设备功能、准确度均应符合所测参数在现行规范中的要求。

2. 表中黑体字标注的参数和仪器为强制性要求,少一项视为不通过。

3. 申请交通工程专项中 6 增项的,应同时增加 3 ~ 5 三项。

4. 申请交通工程专项中 8 ~ 13 增项的,应同时增加 1、2 两项,申请第 9 项的还应增加第 7 项。

5. 交通工程专项中第 6 项交通安全设施部分,强制性测试项目中含有的非强制性参数列于该项后面。

公路工程试验检测环境

表 1-3

项目	综合甲级	综合乙级	综合丙级	交通工程专项	桥梁隧道工程专项
试验检测用房使用面积(不含办公面积)(m^2)	≥1 000	≥600	≥300	≥600	≥800
	检测试验环境应满足所开展的检测项目要求,且布局合理、干净整洁				

注:此表为强制性要求。

二、公路工程实验室检测人员的素质要求

1. 试验检测人员配置要求

质检机构的人员配置应合理，人员的配置包括行政管理人员、试验检测技术人员和其他工作人员 3 类，其中试验检测技术人员应由不同学科和不同职称的技术人员组成。

2. 质检机构技术负责人、质量保证负责人及其他人员配置

质检机构的技术负责人要对整个质检机构的工作全部负责，业务上应该有较高的水平。由于技术负责人在一定程度上决定了检测工作的质量，因此，当技术负责人变动时，应检查在技术负责人变动后该机构的工作水平。

质量保证负责人协助技术负责人对整个质检机构的全部检测工作的质量负责，在技术负责人不在时，代行其职权。在小的质检机构，质检负责人可由技术负责人兼任。

质量保证负责人不一定要求精通所管辖的每一项具体工作，但必须熟悉本单位的主要业务，并且有一定的质量管理方面的知识。质量保证负责人必须是该机构的主要负责人之一，这有助于质检工作中的有关决定能够得到贯彻执行。

技术负责人、质量保证负责人及质量检测管理人员，应熟悉国家、部门、地方关于产品质量检测方面的政策、法令、法规、规定；应熟悉工程技术标准；应熟悉抽样理论，能熟练地应用各类抽样标准，确定其样本大小；具备编制审定检测实施细则、审查检测报告的能力；熟悉掌握检测质量控制理论，具有对检测工作进行质量诊断的能力；熟悉国内外工程质量的检测方法、检测技术的现状及发展趋势，掌握国内外检测仪器设备的信息；不断学习新知识，不断进行知识更新。质检机构的技术负责人应有工程师以上职称，精通所管辖的业务，具有 10 年以上专业工作的经验。质检机构的人员应按所进行的业务范围进行配置，各类工程技术人员、工程师以上人员不得低于 20%。各业务岗位人员的配置应与所从事的检测项目相匹配，重要的检测项目应有 2 人，每人可兼作几个项目。

3. 试验检测人员要求

试验检测人员应按各自的岗位分工，认真履行岗位职责，做好本职工作，确保检测工作质量。检测操作人员应熟悉检测任务，了解被测对象和所用检测仪器设备的性能。检测人员必须经过考核合格，取得上岗操作证后，才能上岗操作。凡使用精密、贵重、大型检测仪器设备者，必须熟悉该检测仪器的性能，具备使用该仪器的知识，经过考核合格，取得操作证书后才能操作。

检测人员应掌握所从事检测项目的有关技术标准，了解本领域国内外测试技术、检测仪器的现状及发展方向，具备制订检测大纲、采用国内外最新技术进行检测工作的能力。检测人员应了解误差理论、数理统计方面的知识，能独立进行数据处理工作。检测人员应对检测工作、数据处理工作持严肃的态度，以数据说话，不受行政或其他方面影响的干扰。

4. 对检测人员考核的主要内容

工程质量检测专业知识：所用仪器设备的结构原理、性能及正确使用和维护等知识（了解）；所检测工程项目的质量标准和有关技术指标程度（掌握）；实际操作和数据处理的能力（具备）。计量基础知识：计量法常识；国际单位制基本内容；误差理论基本知识。

三、公路工程试验检测机构等级评定程序

1. 受理和初审

公路水运工程试验检测机构申请公路水运工程试验检测机构等级评定，应填报《公路水

运工程试验检测机构等级评定申请书》(附件Ⅰ),并按《公路水运工程试验检测管理办法》(交通部令2005第12号)(以下简称《检测管理办法》)第九条规定,向省级交通质量监督机构(以下简称省质监机构)提交申请材料1份。

省质监机构收到申请材料后,应按照《检测管理办法》第十一条要求进行认真核查,及时作出书面受理或不受理的决定。

所申请的等级属于部质监总站负责评定范围的,省质监机构应在10个工作日内完成核查工作。对于受理的,退回申请材料中相关材料的原件,出具核查意见,并将申请材料转报部质监总站。

部质监总站或省质监机构(以下简称质监机构)对受理的申请材料应按照《检测管理办法》第十二条要求进行初审。初审发现问题需要澄清的,质监机构应当通知申请人予以澄清,并出具《公路水运工程试验检测机构等级评定申请补正通知书》(附件Ⅱ-1);初审不合格的,质监机构应当及时书面说明理由;初审合格的进入现场评审阶段。

2. 增项申请

增项申请应填报《公路水运工程试验检测机构等级评定申请书》中增项相关内容。

增项申请必须以检测项目为单位,不得申请单个或多个参数的增项。

增项原则上应是试验检测机构等级标准范围内的检测项目,特殊情况下可对试验检测机构等级标准范围外,但在现行交通行业标准、规范内规定的检测项目申请增项。

增项数量应不超过本等级检测项目数量的50%,增项检测项目对人员、环境等对应条件的要求应在申报材料中体现。

3. 同一检测机构申请多项等级

同一人所持的多个专业检测资格证书,可在不同的检测等级申报中使用,但不得超过2次。

除行政、技术、质量负责人外,其他持单一专业检测资格证书的人员不得重复使用。

不同等级的专业重叠部分检测用房可共用,不重叠部分检测用房必须独立分别满足要求,以保证试验检测工作的正常开展。

不同等级专业重叠部分的仪器设备可交叉使用,但对用量大的仪器设备应有数量规模要求,省质监机构初审时可视具体情况掌握。

四、现场评审准备

现场评审时间一般为2天,现场评审专家组人数一般为3~5人。如申请人申请多个资质或申请1个资质另加增项检测项目,评审组人数可适当增加。现场评审专家组设组长1名,负责主持现场评审工作。现场评审过程中,质监机构可派员进行过程监督。

现场评审5个工作日前质监机构应向申请人发出《公路水运工程试验检测机构等级评定现场评审通知书》(附件Ⅱ-2),属于部质监总站评定范围的增项申请,由部质监总站向申请单位所在的省质监机构发出《试验检测项目评审任务书》(附件Ⅱ-6)。

现场评审专家组由质监机构在其所建的公路水运工程试验检测专家库中随机抽取。被选专家与被评定的检测机构有利害关系的,在现场评审前应主动向部质监总站提出回避。

五、现场评审程序及内容

1. 预备会议

在首次会议前,评审组长应组织预备会议,明确现场评审计划及专家分工,提请专家现场评审应注意的有关事项。

参加人员：评审组、监督人员。

2. 首次会议

(1)介绍评审任务和依据。

任务：按照《公路水运工程试验检测等级评定现场评审通知书》或《试验检测项目评审任务书》，对被评审检测机构做出公平、公正、公开、科学的现场评审，提出现场评审意见。

依据：《检测管理办法》和《公路水运工程试验检测等级标准》。

(2)介绍评审组成员组成，宣布现场评审计划考核内容和人员分工。

(3)对检测机构提出评审工作要求。

(4)检测机构随机抽取现场操作项目，并随机指定操作人员。

(5)检测机构负责人介绍机构总体情况。

参加人员：评审组、监督人员、被评审检测机构主要人员。

评审组需填写完成《现场评审会议签到表》(附件Ⅲ-1)和《现场试验项目委托单》(由机构准备)。

3. 现场总体考察

现场总体考察的目的是从宏观上评价检测机构总体状况，评审组可按试验检测工作流程，重点考察：

(1)试验室面积、总体布局、环境、设备管理状况等情况。

(2)可能存在的薄弱环节。

(3)对环境、安全防护等有特殊要求的项目。

4. 分组专项考核

按现场评审计划及分工，评审组成员分档案材料组、硬件环境组和技术考核组分别进行专项考核。3个小组在现场评审过程中既有分工又有合作，应相互协调、配合，对发现的问题及时沟通，确保现场评审客观、全面、准确。

1)档案材料组

通过对档案和内业资料的查阅，考核申请人的业绩、检测能力、管理规范性和人员资格等情况。内容包括：

(1)查验试验检测人员的职称证书、检测资格证书是否真实有效，检查技术负责人和质量负责人的资格以及试验检测人员的专业配置是否满足要求，试验检测报告的审核、签发人是否具备试验检测工程师资格。

(2)检测机构是否与所有持证试验检测人员签订劳动合同且办理三险。

(3)所有强制性试验检测项目的原始记录和试验检测报告或模拟检测报告是否齐全，抽查不少于10%的强制性项目和5%的非强制性项目检测报告的正确性、科学性、规范性。对于有模拟报告而无业绩的项目，检测机构应提交比对试验报告，或由现场评审专家组织比对试验进行确认。

(4)试验检测项目适用的标准、规范和规程是否齐全且现行有效。

(5)质量保证体系文件是否齐全、合理，运转有效。

(6)收样、留样和盲样运转记录是否齐全、合理。

评审组需填写完成《检测机构主要人员审查表》(附件Ⅲ-3)、《检测机构检测报告核查缺陷表》(附件Ⅲ-5)。

2）硬件环境组

通过现场符合性检查，考核检测机构硬件实际状况是否与所申请材料的内容一致，是否满足等级标准的要求。检查的主要内容有：

（1）试验检测场地的面积是否满足要求，检查被评审检测机构用房的产权，若是租赁，租赁合同是否长期有效（租期≥5年为长期）。

（2）逐项核查仪器设备的数量和运行使用状况，与申请材料是否符合。强制性设备不得缺少；非强制性设备配置率应不低于80%，低于此比例的按每缺1台（套）扣0.5分。

（3）仪器设备管理状况，逐一核查仪器设备的使用记录、维修记录、检定/校准证书。重点核查有疑问仪器设备的购货凭证（购货发票和合同原件）。所有仪器设备必须具有所有权，不得租赁。

（4）试验检测场所是否便于集中有效管理，试验环境是否满足要求。

（5）样品的管理条件是否符合要求。

评审组需填写完成《试验检测仪器设备现场检查表》（附件Ⅲ-4）。

3）技术考核组

通过现场操作考核，检查试验检测人员能否完整、规范、熟练地完成试验检测项目，从而评定申请人所具有的实际试验检测能力。现场操作考核工作要点如下：

（1）提问考核技术负责人和质量负责人的业务和质量管理的相关知识。

（2）检查操作人员的检测证书，确定是否为所申报的人员，避免替换。

（3）观察检测人员的实际操作过程，是否完整、规范、熟练。

（4）通过提问或问卷，随机抽查试验检测人员相关试验检测知识。

（5）审查提交的现场操作项目报告的规范性、完整性。选2份作为《现场评审报告》附件，其余封存，留检测机构备查。

（6）对涉及结构安全的检测项目，如基桩等，应对所有操作人员加强现场操作考核，并在证书上确认。

评审组需填写完成《现场考核技术人员评价记录表》（附件Ⅲ-6）、《现场考核试验情况记录表》（附件Ⅲ-7）。

5. 评审组内部沟通会议

档案材料组、硬件环境组和技术考核组将评审情况进行汇总，确定总体评价，提出存在的问题和整改要求，整理完善各评审工作表，并在沟通情况的基础上，各专家独立打分，填写《公路水运工程试验检测机构现场评分表》（附件Ⅲ-2-1和附表Ⅲ-2-2），由组长汇总计算平均分。

6. 末次会议

末次会议是现场评审的最终会议，由评审组长主持，参加人员与首次会议相同，目的是通报评审总体情况，指出存在的问题并要求检测机构按《现场评审专家反馈意见表》内容落实整改。

评审组需填写完成《现场评审会议签到表》（附件Ⅲ-1），《现场评审专家反馈意见表》（附件Ⅲ-8）。

7. 提交现场评审材料

现场评审结束后，评审组组长负责将《公路水运工程试验检测机构能力等级现场评审报告》（附件Ⅳ）及《公路水运工程试验检测机构等级评定现场工作用表》（附件Ⅲ）等材料整理齐备，连同电子稿及选取的2份现场操作项目试验检测报告，一并在现场评审后5个工作日内上报质监机构。

8. 现场评审结果

(1)得分<80 分,不予通过,评定结束满 6 个月后可重新申报。

(2)80 分≤得分<85 分,不予通过,评定结束后满 3 个月方可申请现场整改复核评定。

(3)得分≥85 分,予以通过,需整改的方面,应报送书面整改材料。

六、等级评定

质监机构依据《检测管理办法》及《公路水运工程试验检测机构能力等级现场评审报告》召开专题会议,对申请人进行公路水运工程试验检测机构等级评定,并将评定结果予以公示,公示期为 7 个工作日。

(1)对于评定通过,且公示期间无异议或经核实异议不成立的试验检测机构,质监机构发出《公路水运工程试验检测机构等级评定决定书》(附件Ⅱ-3),并核发等级证书及“公路水运试验检测机构”专用标识用章。

(2)对于公示期间有异议、且经核实异议成立的,应当书面通知申请人,并视情节轻重,作出相应处理。

(3)对于需要整改后复核的试验检测机构,质监机构发出《公路水运工程试验检测机构等级评定整改通知书》(附件Ⅱ-4)。

(4)对于评定不通过的试验检测机构,质监机构发出《公路水运工程试验检测机构等级评定不予通过决定书》(附件Ⅱ-5)。

(5)对于甲级或专项增项通过的试验检测机构,质监总站向省质监机构发出《试验检测项目评定决定书》(附件Ⅱ-7)。

(6)为提高公路、水运等级检测机构出具试验检测报告的权威性,增强检测机构责任意识,所有等级试验检测机构,在其业务范围内出具的试验检测报告,应在报告封面加盖“公路水运试验检测机构”专用标识。

第二章

实验室管理、认可的基础知识

第一节 管理术语

一、认可与认证

1. 认证

第三方对产品/服务、过程或质量管理体系符合规定要求做出书面保证的程序。

2. 认可

权威机构对某一机构或个人有能力执行特定任务的正式承认的程序。

认可与认证的区别见表2-1。

认可与认证的区别

表2-1

选项＼术语	认可	认证
机构	实验室、检查机构	产品/服务、过程或体系
主体	由权威机构进行	由第三方机构进行
内容	考核能力	考核符合性
依据	认可准则	各标准
结果	正式承认	书面保证

3. 实验室认可

权威机构依据程序对实验室有能力进行规定类型的检测/校准做出一种正式承认的程序。

4. 检测实验室(testing laboratory)

从事检测工作的实验室。检测是指按照规定程序,为确定给定产品的一种或多种特性进行处理或提供服务所组成的技术操作。

5. 校准实验室(calibration laboratory)

从事校准工作的实验室。校准是指在规定条件下,为确定测量仪器(或测量系统)所指示的量值,或实物量具(或参考物质)所代表的量值,与对应的由标准所复现的量值之间关系的一组操作。

6. 检定

查明和确认计量器具是否符合法定要求的程序,它包括检查、加标记和出具检定证书。

7. 校准

在规定的条件下,为确定测量仪器(或测量系统)所指示的量值,或实物量具(或参考物质)所代表的量值,与对应的由标准所复现的量值之间关系的一组操作。

检定与校准的区别见表2-2。

检定和校准的区别 表2-2

选项 \ 术语	校　准	检　定
法律依据	不具法制性,自愿的溯源行为	法制性要求(计量法)
过程	确定示值误差及测试数据	对计量特性及技术要求符合性全面评估
结果	一般不判定是否合格	判定是否合格
依据	标准规程	检定规程
证书报告	校准证书,校准报告	合格发合格证书,不合格发不合格通知书
数据	应有校准数据	无数据
不确定度	有不确定度估算值	不一定有不确定度估算值
印鉴	红色	钢印

8. 检验

通过观察和判断以及适当的测量、测试所进行的合格评定。

注:监督检验、计量检定不允许分包;检测、校准工作可以。检验报告应将测试结果与标准技术指标对应列出,要有评定结论;检测报告可不列,也可不给出结论。

9. 体系

相互关联或相互作用的一组要素。

10. 管理体系

建立方针和目标并实现这些目标的体系。

注:一个组织的管理体系可包括若干个不同的管理体系,如质量管理体系、财务管理体系或环境管理体系。

11. 质量管理体系

在质量方面指挥和控制组织的管理体系。

注:在ISO/IEC 17025:1999中仍使用了"质量体系"的定义,即为实施质量管理所需的组织结构、程序、过程和资源。在ISO 9000:2000标准中,将"质量体系"改为"质量管理体系"。

12. 质量方针

由组织的最高管理者正式发布的该组织总的质量宗旨和方向。

注:通常质量方针与组织的总方针相一致并为制订质量目标提供框架。

13. 质量目标

在质量方面所追求的目的。

注:1. 质量目标通常依据组织的质量方针制订。

2. 通常按组织的相关职能和层次分别规定质量目标。

14. 质量策划

质量管理的一部分,致力于制订质量目标并规定必要的运行过程和相关资源以实现质量目标。

15. 质量控制

质量管理的一部分,致力于满足质量要求。

16. 质量保证

质量管理的一部分，致力于提供质量要求会得到满足的信任。

17. 质量改进

质量管理的一部分，致力于增强满足质量要求的能力。

注：要求可以是有关任何方面的，如有效性、效率或可追溯性。

18. 持续改进

增强满足要求的能力的循环活动。

注：制订改进目标和寻求改进机会的过程是一个持续过程，该过程使用审核发现和审核结论、数据分析、管理评审或其他方法，其结果通常形成纠正措施或预防措施。

19. 质量计划

对特定的项目、产品、过程或合同，规定由谁及何时应使用哪些程序和相关资源的文件。

注：1. 这些程序通常包括所涉及的哪些质量管理过程和产品实现过程。

2. 通常，质量计划引用质量手册的部分内容或程序文件。

3. 质量计划通常是质量策划的结果之一。

20. 组织

职责、权限和相互关系得到安排的一组人员及设施。

21. 组织结构

人员的职责、权限和相互关系的安排。

注：1. 安排通常是有序的。

2. 组织结构的正式表述通常在质量手册或项目的质量计划中提供。

3. 组织结构的范围可包括有关与外部组织的接口。

22. 评审

为确定主题事项达到规定目标的适宜性、充分性和有效性所进行的活动。

注：1. 评审也可包括确定效率。

2. 在 ISO/IEC 17025: 1999 中，仍采用“管理评审”的定义：由最高管理者就质量方针和目标，对质量体系的现状和适应性进行的正式评价。在 ISO 9000: 2000 标准中，不再使用该定义，而使用“评审”的定义，并与不同目的的活动组成相应的概念，例如：管理评审、设计和开发评审、顾客要求评审和不合格评审。

23. 合同评审

合同签订前，为了确保质量要求规定得合理、明确并形成文件，且供方能实现，由供方所进行的系统的活动。

注：1. 合同评审是供方的职责，但可以与顾客联合进行。

2. 合同评审可以根据需要在合同的不同阶段重复进行。

3. 该定义在 ISO 9000: 2000 中没有给出，见上条“评审”。

24. 审核

为获得审核证据并对其进行客观的评价，以确定满足审核准则的程度，所进行的系统的、独立的并形成文件的过程。

注：1. 内部审核，有时称“第一方审核”，用于内部目的，由组织自己或以组织的名义进行，可作为组织自我合格声明的基础。外部审核包括通常所说的“第二方审核”和“第三方审核”。

2. 审核证据是指：与审核准则有关的并且能够证实的记录、事实陈述或其他信息。

3. 审核准则是指：用作依据的一组方针、程序或要求。

25. 确认

通过提供客观证据对特定的预期用途或应用要求已得到满足的认定。

注:1.“已确认”一词用于表示相应的状态。

2. 确认所使用的条件可以是实际的或是模拟的。

26. 质量手册

规定组织质量管理体系的文件。

注:为了适应组织的规模和复杂程度,质量手册在其详略程度和编排格式方面可以不同。

27. 程序

为进行某项活动或过程所规定的途径。

注:1. 程序可以形成文件,也可以不形成文件。

2. 当程序形成文件时,通常成为“书面程序”或“形成文件的程序”。含有程序的文件可称为“程序文件”。

28. 文件

信息及其承载媒体,例如:记录、规范、程序文件、图样、报告及标准等。

注:1. 媒体可以是纸张,计算机磁盘、光盘或其他电子媒体,照片或标准样品,或它们的组合。

2. 某些要求与所有类型的文件有关,然而对规范(如修订受控的要求)和记录(如可检索的要求)可以有不同的要求。

29. 记录

阐明所取得的结果或提供所完成活动的证据的文件。

注:1. 记录可用于为可追溯性提供文件,并为验证预防措施和纠正措施提供证据。

2. 通常记录不需要控制版本。

30. 规范

阐明要求的文件。

注:规范可能与活动有关(如:程序文件、过程规范和试验规范)或与产品有关(如:产品规范、性能规范和图样)。

31. 标准

为促进最佳的共同利益,在科学、技术、经验成果的基础上,由各有关方面合作起草协商一致或基本同意而制订的适于公用并经标准化机构批准的技术规范和其他文件。

注:1. 满足定义中所有条件的文件,有时可能有其他名称,例如“建议”。

2. 在某些语言中“标准”一词经常具有其他含义,它可以指不符合本定义全部条件的技术规范,例如“企业标准”。

32. 信息

有意义的数据。

33. 过程

一组将输入转化为输出的相互关联或相互作用的活动。

注:1. 一个过程的输入通常是其他过程的输出。

2. 组织为了增值通常对过程进行策划,并使其在受控条件下运行。

3. 不易或不能经济地对形成的产品是否合格进行验证的过程,通常称为“特殊过程”。

34. 设计和开发

按要求转换为产品、过程或体系的规定的特性或规范的一组过程。

注:1. 术语“设计”和“开发”有时是同义的,有时用于规定整个设计和开发过程的不同阶段。

2. 设计和开发的性质可使用修饰词表示(如产品设计和开发或过程设计和开发)。

35. 合格(符合)

满足要求。

36. 不合格(不符合)

未满足要求。

注:应区分“不合格”和“缺陷”的概念,其区别在于“缺陷”具有法律内涵,尤其是与产品责任问题有关,因此,术语“缺陷”应慎用。

37. 纠正措施

为消除已发现的不合格或其他不期望情况的原因所采取的措施。

注:1. 一个不合格可以由若干个原因引起。

2. 采取纠正措施是为了防止再发生,而采取预防措施是为了防止发生。

3. 纠正和纠正措施是有区别的。

38. 纠正

为消除已发现的不合格所采取的措施。

注:1. “纠正”与“纠正措施”的区别在于,“纠正”是一种应急的、补救的措施,而“纠正措施”则需查找出发生问题的根本原因,并通过采用活动杜绝该问题的再次发生。“纠正”可连同“纠正措施”一起实施。

2. “返工”或“降级”可作为“纠正”的示例。

39. 预防措施

为消除潜在不合格或其他潜在不期望情况的原因所采取的措施。

注:1. 一个潜在不合格可以由若干个原因引起。

2. 采取“预防措施”是为了防止发生,而采取“纠正措施”是为了防止再发生。

二、法制计量

1. 法制计量

计量的一部分,即与法定计量机构所执行工作有关的部分,涉及对计量单位、测量方法、测量设备、测量实验室的法定要求。

2. 法定(计量)单位

由国家法律承认、具有法定地位的计量单位。

3. 法定计量机构

负责在法制计量领域实施法律和法规的机构。

注:法制计量机构可以是政府机构,也可以是国家授权的其他机构,其主要任务是执行计量控制。

4. 计量监督

为核查计量器具是否依照计量法律、法规正确使用和诚实使用,而对计量器具制造、安装、修理或使用进行控制的程序。这种监督也可扩展到对预包装品上指示量正确性的控制。

5. (计量器具的)检定

查明和确认计量器具是否符合法定要求的程序,它包括检查、加标记和出具检定证书。

6. 首次检定

对未曾检定过的新计量器具进行的一种检定。

7. 后续检定

计量器具首次检定后的任何一种检定,包括:强制性周期检定;修理后检定;周期检定有效期内进行的检定,不论它是由用户提出请求,或由于某种有效期内的封印失效而进行的检定。

8. 周期检定

按时间间隔和规定程序,对计量器具定期进行的一种后续检定。

9. 检定证书

证明计量器具已经过检定,并获满意结果的文件。

10. 不合格通知书

声明计量器具不符合有关法定要求的文件。

11. 计量确认

为确保测量设备处于满足预期使用要求的状态所需要的一组操作。

12. 溯源等级图

一种代表等级顺序的框图,用以表明计量器具的计量特性与给定量的基准之间的关系。

注:溯源等级图是对给定量或给定型号计量器具所用的比较链的一种说明,以此作为其溯源性的证据。

第二节 技术术语

一、测量和计量

1.(可测量的)量

现象、物体或物质的可定性区别和定量确定的属性。

注:1. 术语"量"可指一般意义的量或特定量。一般意义的量如长度、时间、质量、温度、强度、物质的量浓度;特定量如某根棒的长度、某混凝土的强度、某土样中的含水率。

2. 可相互比较并按大小排序的量称为同种量。若干同种量合在一起可称之为同类量,如功、强度、厚度、周长、波长。

2. 量值

一般由一个数乘以测量单位所表示的特定量的大小,例如:5.34m或534cm、15kg、30MPa、-20℃。

注:对于不能由一个数乘以测量单位所表示的量,可采用参照约定参考标尺,或参照测量程序,或两者都参照的方式表示。

3.(量的)真值

与给定的特定量的定义一致的值。

注:1. 量的真值只有通过完善的测量才有可能获得。

2. 真值按其本性是不确定的。

3. 与给定的特定量定义一致的值不一定只有一个。

4.(量的)约定真值

对于给定目的具有适当不确定度的、赋予特定量的值,有时该值是约定采用的。例如:在给定地点,取由参考标准复现而赋予该量的值作为约定真值。

注:1. 约定真值有时称为指定值、最佳估计值、约定值或参考值。

2. 常常用某量的多次测量结果来确定约定真值。

5. 测量

以确定量值为目的的一组操作。

注:1. 操作可以是自动地进行的。

2. 测量有时也称计量。

6. 计量

实现单位统一、量值准确可靠的活动。

7. 计量学

关于测量的学科。

注:1. 计量学涵盖有关测量的理论与实践的各个方面,而不论测量的不确定度如何,也不论测量是在科学技术的哪个领域中进行的。

2. 计量学有时简称计量。

3. 计量学曾称度量衡学和权度学。

8. 测量原理

测量的科学基础,例如:应用于压力机测量的混凝土强度、应用于万能拉力机的钢筋强度、应用于速度测量的多普勒效应。

9. 测量方法

进行测量时所用的、按类别叙述的一组操作逻辑次序。

注:测量方法可按不同方式分类,如替代法、微差法、零位法等。

10. 测量程序

进行特定测量时所用的,根据给定的测量方法具体叙述的一组操作。

注:测量程序(有时被称为测量方法)通常记录在文件中,并且足够详细,以使操作者在进行测量时不再需要补充资料。

11. 被测量

作为测量对象的特定量,例如:给定的水样品在20℃时的蒸汽压力。

注:对被测量的详细描述,可要求包括对其他有关量(如时间、温度和压力)作出说明。

12. 影响量

不是被测量但对测量结果有影响的量,例如:用来测量沥青针入度的温度、用来测量水泥混凝土强度的养护湿度、测量路基压实度的碾压次数。

二、测量结果及其特性

1. 测量结果

由测量所得到的赋予被测量的值。

注:1. 在给出测量结果时,应说明它是示值、未修正测量结果或已修正测量结果,还应表明它是否为几个值的平均。

2. 在测量结果的完整表述中应包括测量不确定度,必要时还应说明有关影响量的取值范围。

2.(测量仪器的)示值

测量仪器所给出的量值。

注:1. 由显示器读出的值可称为直接示值,将它乘以仪器常数即为示值。

2. 这个量可以是被测量、测量信号或用于计算被测量之值的其他量。

3. 对于实物量具,示值就是它所标出的值。

3. 未修正结果

系统误差修正前的测量结果。

4. 已修正结果

系统误差修正后的测量结果。

5. 测量准确度

测量结果与被测量真值之间的一致程度。

注:1. 不要用术语精密度代替准确度。

2. 准确度是一个定性概念。

6.(测量结果的)重复性

在相同测量条件下,对同一被测量进行连续多次测量所得结果之间的一致性。

注:1. 这些条件称为重复性条件。重复性条件包括:相同的测量程序、相同的观测者、在相同的条件下使用相同的测量仪器、相同地点和在短时间内重复测量。

2. 重复性可以用测量结果的分散性定量地表示。

7.(测量结果的)复现性

在改变了的测量条件下,同一被测量的测量结果之间的一致性。

注:1. 在给出复现性时,应有效说明改变条件的详细情况。

2. 改变条件可包括:测量原理、测量方法、观测者、测量仪器、参考测量标准、地点、使用条件、时间。

3. 复现性可用测量结果的分散性定量地表示。

4. 测量结果在这里通常理解为已修正结果。

8. 实验标准(偏)差

对同一被测量作 n 次测量,表征测量结果分散性的量,可按下式算出:

$$s=\sqrt{\frac{\sum_{i=1}^{n}(x_i-\bar{x})^2}{n-1}}$$

式中:x_i——第 i 次测量的结果;

$\bar{x}$——所考虑的 n 次测量结果的算术平均值。

注:将平均值的实验标准偏差称为平均值的标准误差是不正确的。

9. 测量不确定度

表征合理地赋予被测量之值的分散性,与测量结果相联系的参数。

注:1. 此参数可以是诸如标准偏差或其倍数,或说明了置信水准的区间的半宽度。

2. 测量不确定度由多个分量组成,其中一些分量可用测量列结果的统计分布估算,并用实际标准偏差表征;另一些分量则可用基于经验或其他信息的假定概率分布估算,也可用标准偏差表征。

3. 测量结果应理解为被测量之值的最佳估计,而所有的不确定度分量均贡献给了分散性,包括那些由系统效应引起的(如与修正值和参考测量标准有关的)分量。

10. 标准不确定度

以标准偏差表示的测量不确定度。

11. 不确定度的 A 类评定

用对观测列进行统计分析的方法,来评定标准不确定度。

注:不确定度的 A 类评定,有时也称 A 类不确定度评定。

12. 不确定度的 B 类评定

用不同于对观测列进行统计分析的方法,来评定标准不确定度。

注:不确定度的 B 类评定,有时也称 B 类不确定度评定。

13. 合成标准不确定度

当测量结果是由若干个其他量的值求得时,按其他各量的方差或(和)协方差算得的标准不确定度。

14. 扩展不确定度

确定测量结果区间的量,合理赋予被测量之值分布的大部分可望含于此区间。

注:扩展不确定度有时也称展伸不确定度或范围不确定度。

15. 包含因子

为求得扩展不确定度，对合成不确定度所乘之数字因子。

注：1. 包含因子等于扩展不确定度与合成标准不确定度之比。

2. 包含因子有时也称覆盖因子。

16.（测量）误差

测量结果减去被测量的真值。

注：1. 由于真值不能测定，实际上用的是约定真值。

2. 当有必要与相对误差相区别时，此术语有时称为测量的绝对误差。注意不要与误差的绝对值相混淆，后者为误差的模。

17. 偏差

一个值减去其参考值。

18. 相对误差

测量误差除以被测量的真值。

注：由于真值不能测定，实际上用的是约定真值。

19. 随机误差

测量结果与在重复性条件下，对同一被测量进行无限多次测量所得结果的平均值之差。

注：1. 随机误差等于误差减去系统误差。

2. 因为测量只能进行有限次数，故可能确定的只是随机误差的估计值。

20. 系统误差

在重复性条件下，对同一被测量进行无限多次测量所得结果的平均值与被测量的真值之差。

注：1. 如真值一样，系统误差及其原因不能完全获知。

2. 对测量仪器而言，其示值的系统误差称为偏移。

21. 修正值

用代数方法与未修正测量结果相加，以补偿其系统误差的值。

注：1. 修正值等于负的系统误差。

2. 由于系统误差不能完全获知，因此这种补偿并不完全。

22. 修正因子

为补偿系统误差而与未修正测量结果相乘的数字因子。

注：由于系统误差不能完全获知，因此这种补偿并不完全。

三、测量器具及其特性

1. 测量仪器/计量器具

单独地或连同辅助设备一起用以进行测量的器具。

2. 实物量具

使用时以固定形态复现或提供给定量的一个或多个已知值的器具，例如：砝码（单值或多值）、（带或不带标尺的）量器、标准电阻、量块、标准信号发生器和参考物质。

注：这里的给定量亦称为供给量。

3. 测量系统

组装起来以进行特定测量的全套测量仪器和其他设备，例如：测量水泥凝结时间的装置、校准拉力千斤顶的装置等。

注:1. 测量系统可以包含实物量具和化学试剂。

2. 固定安装着的测量系统称为测量装备。

4. 测量设备

为实现测量仪器、测量标准、参考物质、辅助设备以及进行测量所必需的资料的总称。

5. 标称范围

测量仪器的操纵器件调到特定位置时可得到的示值范围。

注:1. 标称范围通常用它的上限和下限表明,例如:100 ~ 200℃。若下限为零,标称范围一般只用其上限表明,例如:0 ~ 100V 的标称范围可表示为 100V。

2. 参见下一条“量程”的注。

6. 量程

标称范围两极限之差的模。例如:对从 -10 ~ +10V 的标称范围,其量程为 20V。

注:在有些知识领域中,最大值与最小值之差称为范围。

7. 标称值

测量仪器上表明其特性或指导其使用的量值,该值为圆整值或近似值,例如:标在标准电阻上的量值 100Ω、标在单刻度量杯上的量值 1L。

8. 测量范围(工作范围)

测量仪器的误差处在规定极限内的一组被测量的值。

注:1. 按约定真值确定“误差”。

2. 参见“量程”的注。

9. 额定操作条件

测量仪器的规定计量特性处于给定极限内的使用条件。

注:额定操作条件一般规定了被测量和影响量的范围或额定值。

10. 极限条件

测量仪器的规定计量特性不受损也不降低,其后仍可在额定操作条件下运行而能承受的极端条件。

注:1. 储存、运输和运行的极限条件可以各不相同。

2. 极限条件可包括被测量和影响量的极限值。

11. 参考条件

为测量仪器的性能试验或为测量结果的相互比较而规定的使用条件。

注:参考条件一般包括作用于测量仪器的影响量的参考值或参考范围。

12. 灵敏度

测量仪器响应的变化除以对应的激励变化。

注:灵敏度可能与激励值有关。

13. 鉴别力

使测量仪器产生未察觉的响应变化的最大激励变化,这种激励变化应缓慢而单调地进行。

注:鉴别力(阈)可能与例如噪声(内部的或外部的)或摩擦有关,也可能与激励值有关。

14. (显示装置的)**分辨力**

显示装置能有效辨别的最小的示值差。

注:1. 对于数字式显示装置,这就是当变化一个末位有效数字时其示值的变化。

2. 此概念亦适用于记录式装置。

15. 稳定性

测量仪器保持其计量特性随时间恒定的能力。

注:1. 若稳定性不是对时间而是对其他量而言,则应该明确说明。

2. 稳定性可以用几种方式定量表示,例如:用计量特性变化某个规定的量所经过的时间,或用计量特性经规定的时间所发生的变化。

16. 测量仪器的准确度

测量仪器给出接近于真值的响应的能力。

注:准确度是定性的概念。

17. 准确度等级

符合一定的计量要求,使误差保持在规定极限以内的测量仪器的级别。

注:准确度等级通常按约定注以数字或符号,并称为等级指标。

18. 测量仪器的(示值)误差

测量仪量示值与对应输入量的真值之差。

注:1. 由于真值不能测定,实际上用的是约定真值。

2. 此概念主要应用于与参考标准相比较的仪器。

3. 就实物量具而言,示值就是赋予它的值。

19. (测量仪器的)**最大允许误差**

对给定的测量仪器,规范、规程等所允许的误差极限值。

注:有时也称测量仪器的允许误差限。

20. (测量仪器的)**固有误差**

在参考条件下确定的测量仪器的误差。

21. (测量仪器的)**重复性**

在相同测量条件下,重复测量同一个被测量,测量仪器提供相近示值的能力。

注:1. 这些条件包括:相同的测量程序、相同的观测者、在相同条件下使用相同的测量设备、在相同地点和在短时间内重复。

2. 重复性可用示值的分散性定量地表示。

22. (测量仪器的)**引用误差**

测量仪器的误差除以仪器的特定值。

注:该特定值一般称为引用值,例如,可以是测量仪器的量程或标称范围的上限。

四、测量标准和基准

1. (测量)**标准**[(计量)基准、标准]

为了定义、实现、保存或复现量的单位或一个或多个量值,用作参考的实物量具、测量仪器、参考物质或测量系统。

注:1. 一组相似的实物量具或测量仪器,通过它们的组合使用所构成的标准称为集合标准。

2. 一组其值经过选择的标准,它们可单个使用或组合使用,从而提供一系列同种量的值,称为标准组。

2. 国际(测量)**标准**[国际(计量)基准]

经国际协议承认的测量标准,在国际上作为对有关量的其他测量标准定值的依据。

3. 国家(测量标准)[国家(计量)基准]

经国家决定承认的测量标准,在一个国家内作为对有关量的其他测量标准定值的依据。

4. 基准(原级标准)

具有最高的计量学特性,其值不必参考相同量的其他标准,被指定的或普遍承认的测量标准。

注:基准的概念同等地适用于基本量和导出量。

5. 次级标准

通过与相同量的基准比对而定值的测量标准。

注:有时副基准、工作基准亦称次级标准。

6. 参考标准

在给定地区或在给定组织内,通常具有最高计量学特性的测量标准,在该处所做的测量均从它导出。

7. 工作标准

用于日常校准或核查实物量具、测量仪器或参考物质的测量标准。

注:1. 工作标准通常用参考标准进行校准。

2. 用于确保日常测量工作正确进行的工作标准称为核查标准。

8. 传递标准

在测量标准相互比较中用作媒介的测量标准。

注:当媒介不是测量标准时,应该用术语传递装置。

9. 搬运式标准

供运输到不同地点有时具有特殊结构的测量标准。

例:由电池供电的便携式铯频率标准。

10. 溯源性

通过一条具有规定不确定度的不间断的比较链,使测量结果或测量标准的值能够与规定的参考标准,通常是与国家测量标准或国际测量标准联系起来的特性。

注:1. 此概念常用形容词"可溯源的"来表述。

2. 这条不间断的比较链称为溯源链。

11. 参考物质(标准物质)

具有一种或多种足够均匀和很好确定了的特性,用以校准测量装置、评价测量方法或给材料赋值的一种材料或物质。

注:参考物质可以是纯的或混合的气体、液体或固体,例如:校准黏度计用的水、量热计法中作为热容量校准物的蓝宝石、化学分析校准用的溶液。

12. 有证参考物质(有证标准物质)

附有证书的参考物质,某一种或多种特性值用建立了溯源性的程序确定,使之可溯源到准确复现的表示该特性值的测量单位,每一种出证的特性值都附有给定置信水平的不确定度。

注:1. 有证参考物质一般成批制备,其特性值是通过对代表整批物质的样品进行测量而确定,并具有规定的不确定度。

2. 当物质与特制的器件结合时,例如:已知三相点的物质装入三相点瓶、已知光密度的玻璃组装成透射滤光片、尺寸均匀的球状颗粒安放在显微镜载片上,有证参考物质的特性有时可方便和可靠地确定。上述这些器件也可以认为是有证参考物质。

3. 所有有证参考物质均应符合测量标准的定义。

4. 有些参考物质和有证参考物质,由于不能和已确定的化学结构相关联或出于其他原因,其特性不能按严格规定的物理和化学测量方法确定。这类物质包括某些生物物质,如疫苗,世界卫生组织已经规定了它的国际单位。

第三节　公路工程检测常用名词术语

1. 路基

按照路线位置和一定技术要求修筑的带状构造物,是路面的基础,承受由路面传递下来的行车荷载。

2. 路堤

高于原地面的填方路基。

3. 路堑

低于原地面的挖方路基。

4. 半填半挖式路基

在一个横断面内,部分为路堤,部分为路堑的路基。

5. 台口式路基

在山坡上,以山体自然坡面为下边坡,全部开挖而成的路基。

6. 路基宽度

在一个横断面上两路肩外缘之间的宽度。

7. 路基设计高程

一般公路指路肩外缘的设计高程,高速公路和一级公路指中央分隔带外侧边缘的设计高程。

8. (路基)最小填土高度

为保证路基稳定,根据土质、气候和水文地质条件,所规定的路肩边缘至原地面的最小高度。

9. 边坡

为保证路基稳定,在路基两侧做成的具有一定坡度的坡面。

10. 挡土墙

为防止路基填土或山坡土体坍塌而修筑的承受土体侧压力的墙式构造物。

11. 抛石

为防止河岸或构造物受水流冲刷而抛填较大石块的防护措施。

12. 路基排水

保持路基稳定的地面和地下排水措施。

13. 边沟

为汇集和排除路面、路肩及边坡的流水,在路基两侧设置的纵向水沟。

14. 截水沟

为拦截山坡上流向路基的水,在路堑坡顶以外设置的水沟。

15. 排水沟

将边沟、截水沟和路基附近低洼处汇集的水引向路基以外的水沟。

16. 黄土

在干燥气候条件下形成的多孔性具有柱状节理的黄色粉质土,干燥时能保持壁立。湿陷性黄土受水浸湿后产生较大沉陷。

17. 软土

主要是由天然含水率大、压缩性高、承载能力低的淤泥沉积物及少量腐殖质所组成的土。

18. 淤泥

在静水或缓慢的流水环境中沉积并含有机质的细粒土,其天然含水率大于液限,天然孔隙比大于1.5。当天然孔隙比小于1.5而大于1.0时,称为淤泥质土。

19. 泥沼

表层有泥炭覆盖,以下为淤泥或淤泥质土的低洼潮湿地带。

20. 泥炭

喜水植物遗体在缺氧条件下,经缓慢分解而形成的泥沼覆盖层。其特点是持水性大、重度较低。

21. 盐渍土

不同程度盐碱化土的总称。在公路工程中一般指地表下1.0m内土中易溶盐含量平均大于0.3%的土。

22. 膨胀土

具有较大吸水膨胀、失水收缩特性的高液限黏土。

23. 冻土

温度低于0℃且含有冰晶的土。

24. 流沙

含水饱和的细砂、微细砂或亚砂土等,由于动水压力的作用,而发生流动的现象。

25. 软弱地基

天然含水率过大,承载力低,在荷载作用下易产生滑动或固结沉降的地基。

26. 强夯法

为提高软弱地基的承载力,用重锤自一定高度下落夯击土层使地基迅速压实的方法,又称动力固结法。

27. 砂井

为加速地基排水固结,在软弱地基中钻孔,灌入中、粗砂而成的排水柱体。

28. 路基砂垫层

为防止地下水的毛细上升和排除路基的水分,保证路基的强度和稳定,在路堤底部铺设的砂层。

29. 压实

对土或其他筑路材料施加动的或静的外力,以提高其密实度的作业。

30. 压实度

土或其他筑路材料压实后的干重度与标准最大干重度之比,以百分率表示。

31. 弯沉

路基或路面在荷载作用下产生的垂直弹性变形。

32. 加州承载比(CBR)

路基土、粒料、稳定土等在规定贯入量时所施加的试验荷载与标准碎石材料的同一贯入量时所施加的荷载之比,以百分率表示。此法为美国加州首创,故得名。

33. 刚性路面

面层板体刚度较大,抗弯拉强度较高的路面,一般指水泥混凝土路面。

34. 柔性路面

刚度较小,抗弯拉强度较低,主要靠抗压、抗剪强度来承受车辆荷载作用的路面。

35. 路面结构层

构成路面的各铺砌层。按其所处的层位和作用,主要有面层、基层和垫层。

36. 面层

直接承受车辆荷载及自然因素的影响,并将荷载传递到基层的路面结构层。

37. 磨耗层

面层顶部用坚硬的细粒料和结合料铺筑的薄结构层。其作用是改善行车条件,防止行车对面层的磨损,延长路面的使用周期。

38. 联结层

为加强面层与基层的共同作用或减少基层裂缝对面层的影响,而设在基层上的结构层,为面层的组成部分。

39. 基层

设在面层以下的结构层,主要承受由面层传递的车辆荷载,并将荷载分布到垫层或土基上。当基层分为多层时,其最下面的一层称底基层。

40. 垫层

设于基层以下的结构层。其主要作用是隔水、排水、防冻以改善基层和土基的工作条件。

41. 隔水层

为隔断毛细水侵入路面基层,在基层和土基之间用透水性良好的或不透水的材料铺筑的垫层。

42. 路面平整度

路表面纵向的凹凸量的偏差值。

43. 路面粗糙度

路表面集料的棱角阻止轮胎滑动的能力,通常以路面摩擦系数和路表构造深度来表示。

44. 路面摩擦系数

路面对轮胎的滑动阻力与车轮荷载的比值。

45. 附着力

路面对轮胎的滑动摩擦阻力。

46. 水滑现象

车辆高速行驶时,当路面有薄层积水,由于水膜作用而使车轮滑动,产生漂浮滑移失控的现象。

47. 荷载

使结构或构件产生内力和变形的外力及其他因素。

48. 永久荷载(永久作用)

在结构的设计使用期内,其值不变或变化值与平均值相比可忽略不计的荷载,如结构重力、预加应力、土的重力及土侧压力等。

49. 可变荷载(可变作用)

在结构的设计使用期内,其值可变且变化与平均值相比不可忽略的荷载。按其对桥涵结构的影响程度,分为基本可变荷载(又称活载,如车辆、人群等)和其他可变荷载(如风力、汽车制动力等)。

50. 偶然荷载(偶然作用)

在结构的设计使用期内偶然出现(或不出现),其数值很大、持续时间很短的荷载,如地震力、船只或漂浮物撞击力等。

51. 荷载组合

根据桥涵特性、使用要求、桥位处自然条件以及荷载发生的频率等因素,由规范规定在设计时应考虑的可能在结构上同时出现的荷载的组合。

52. 强度

材料或构件受力时抵抗破坏的能力。其值为在一定的受力状态或工作状态条件下,材料所能承受的最大应力或构件所能承受的最大内力,后者亦称承载能力。

53. 刚度

结构或构件受力时抵抗变形的能力,包括构件刚度和截面刚度。按受力状态不同可分为轴向刚度、弯曲刚度、剪力刚度、扭转刚度等。构件刚度的值为施加于构件上的力(力矩)与其引起的线位移(角位移)之比;截面刚度的值在弹性阶段为材料弹性模量或剪切模量与截面面积或惯性矩的乘积。.

54. 抗裂度

结构或构件受力时抵抗开裂的能力。

55. 稳定性

结构或构件受力时保持稳定状态的能力。

56. 位移

荷载引起的结构或构件中某点位置的改变或某线段方向的改变。前者称线位移,后者称角位移。

57. 变形

荷载引起的结构或构件中各点间的相对位移。可恢复的变形为弹性变形,不可恢复的变形为塑性变形。

58. 挠度

结构或构件在荷载作用下产生的竖向位移。

59. 预拱度

为抵消梁、拱、桁架等结构在荷载作用下产生的挠度,而在施工或制造时所预留的与位移方向相反的校正量。

60. 泛油

沥青路面因沥青含量偏多或稠度偏低,当气温较高时,在行车作用下沥青被挤出,路表面出现薄油层的现象。

61. 拥包

沥青面层因受行车推挤而形成局部隆起的现象。

62. 拱胀

水泥混凝土路面在气温升高时,因胀缝不能充分发挥作用,造成板体向上拱起的现象。

63. 错台

在水泥混凝土路面板的接缝或裂缝处,两板体产生相对竖向位移的现象。

64. 错位

水泥混凝土路面板之间产生相对水平位移的现象。

65. 沉降

地基在荷载作用下受压缩而产生的竖向变形。

66. 沉陷

路基压实度不够或构造物地基土质不良，在水、荷载等因素作用下产生的不均匀的竖向变形。

67. 粒料

呈颗粒状松散材料的统称。

68. 集料（骨料）

在混合料中起骨架或填充作用的粒料，包括碎石、砾石、石屑及砂等。

69. 矿料

包括矿粉在内的集料。

70. 矿粉

石粉和工业废渣粉末的统称。

71. 砂

岩石经风化或轧制而成的粒径小于2mm的粒料。

72. 砾石

风化岩石经水流长期搬运而成的粒径为2～60mm的无棱角的天然粒料。

73. 砂砾

砂和砾石的混合物，又称砾石砂。

74. 卵石

风化岩石经水流长期搬运而成的粒径为60～200mm的无棱角的天然粒料。

75. 碎石

符合工程要求的岩石，经开采并按一定尺寸加工而成的有棱角的粒料。

76. 片石

符合工程要求的岩石，经开采选择所得的形状不规则的、边长一般不小于15cm的石块。

77. 块石

符合工程要求的岩石，经开采并进行加工而成的形状大致方正的石块。

78. 料石

按规定要求经凿琢加工而成的形状规则的石块。

79. 石屑

轧制和筛分碎石所得的3～10mm的粒料。

80. 工业废渣

作为筑路材料用的铁渣、钢渣和炉渣等的总称。

81. 结合料

用以黏结松散材料使其成为整体的有机或无机材料。

82. 有机结合料

具有良好胶结性能的有机化合物，在公路工程中主要是指沥青材料。

83. 沥青

由极复杂的高分子碳氢化合物及其非金属（氧、硫、氮等）衍生物所组成的有机胶凝材料。

84. 地沥青

天然沥青和石油沥青的总称。

85. 天然沥青

石油受自然因素的作用所形成的沥青。

86. 石油沥青

石油经提炼出轻质油分后而得到的残留物。

87. 煤沥青

煤焦油经蒸馏后所得到的残留物。

88. 乳化沥青

沥青在含有乳化剂的水溶液中,经机械搅拌使沥青微粒子分散而形成的沥青乳液。

89. 氧化沥青

稠度低的沥青经过氧化处理而变稠的沥青。

90. 路用沥青

技术指标符合道路使用要求的各种沥青的总称。

91. 无机结合料

具有胶结性能的无机化合物,在公路工程中主要是指水泥、石灰等材料。

92. 粉煤灰

发电厂锅炉燃烧煤粉,从其烟气中收集的灰色粉状物。

93. 混合料

集料或矿料与结合料经拌和而成的混合材料。

94. 沥青混凝土混合料

沥青和级配矿料按一定比例拌和而成的混合料。根据所用矿料粒径大小的不同,可分为粗粒式、中粒式和细粒式 3 种。

95. 沥青碎石混合料

沥青和集料按一定比例拌和而成的混合料,压实以后其剩余空隙率大于 10%。

96. 沥青砂

沥青和砂按一定比例拌和而成的混合料。

97. 沥青膏

沥青和一定比例的石粉、石棉粉等拌制而成的膏状物。

98. 水泥砂浆

水泥、砂和水按一定比例拌和而成的混合料。

99. 石灰砂浆

用石灰膏、砂和水按一定比例拌和而成的混合料。

100. 水泥混凝土混合料

水泥、集料和水按一定比例拌和而成的混合料。

101. 水泥混凝土

水泥混凝土混合料经浇注、振捣并硬化后形成的固体材料。

102. 钢筋混凝土

配置有受力钢筋的水泥混凝土。

103. 预应力(钢筋)混凝土

通过张拉钢材对混凝土预加应力的水泥混凝土。

104. 早强混凝土

用早强水泥或普通水泥掺加早强剂拌制而成的能在早期达到规定强度的水泥混凝土。

105. 干硬性混凝土

水灰比小、坍落度极小、硬化较快,经强力振实后强度较高的水泥混凝土。

106. 贫混凝土

单位体积内水泥含量较低的水泥混凝土。

107. 轻质混凝土

采用轻质集料的水泥混凝土。

108. 纤维混凝土

掺有短纤维(如钢纤维、玻璃纤维、聚丙烯纤维)、具有较高抗拉强度的水泥混凝土。

109. 外掺剂

为改善材料的某些性能而加入的化学制剂。

110. 减水剂

能减少水泥混凝土混合料拌和用水量,降低水灰比,提高混凝土的早期强度和抗冻性能的外掺剂。

111. 加气剂

能使水泥混凝土混合料在拌和过程中产生大量微细气泡,可以改善混合料的和易性,提高水泥混凝土的抗冻、抗渗及抗侵蚀性能的外掺剂。

112. 早强剂

能促进水泥的水化和硬化,提高水泥混凝土早期强度的外掺剂。

113. 缓凝剂

能延缓水泥混凝土混合料凝结时间的外掺剂。

114. 钢筋

置入水泥混凝土中用以加强构件的抗拉、抗弯及抗压能力的建筑钢材。

115. 预应力钢材

预应力混凝土中所用的高强钢丝、钢绞线、高强粗钢筋等的总称。

116. 高强钢丝

优质高碳钢经冷拔和热处理而成的抗拉强度很高的钢丝。

117. 钢绞线

由若干根高强钢丝绞捻,消除内应力后而制成的钢丝束。

118. 冷拉钢筋

在常温下经拉伸而提高屈服强度的钢筋。

119. 冷拔钢丝

直径为6～8mm的低碳钢筋,在常温下用专用拔丝设备加工而成的较细钢丝。

120. 高强螺栓

用优质高强钢材制成的螺栓。其连接的传力方式是依靠构件接触面的摩擦力,不同于一般螺栓。

121. 空隙率

材料的颗粒之间空隙体积占总体积的百分率。

122. 孔隙比

材料的孔隙体积与其固体颗粒体积之比值。

123. 粒径

集料的颗粒尺寸,一般以筛分试验方法确定。

124. 颗粒组成

在集料中,各种不同粒径颗粒的质量占总质量的百分率。

125. 细度

粉状材料的粗细程度,一般以筛孔或比表面积表示。

126. 筛分

用标准筛对矿料进行粒径分级的方法。

127. 级配

矿料粒径分级和各级颗粒质量的分配比例。

128. 级配曲线

按矿料各级粒径通过规定筛孔的质量百分率绘制的曲(折)线图。

129. 最佳级配

能使矿料的颗粒组成满足工程技术要求的级配。

130. 含水率

材料内水分的质量与材料干重之比,以百分率表示。

131. 最佳含水率

材料在标准击实试验条件下,能达到最大干重度时的含水率。

132. 稠度界限

土从一种稠度状态变到另一种稠度状态的分界含水率。

133. 液限

土从可塑状态变为流动状态时的分界含水率。

134. 塑限

土从半固体状态变为可塑状态时的分界含水率。

135. 缩限

土从固体状态变为半固体状态时的分界含水率。

136. 塑性指数

土的液限与塑限的差值。

137. 水泥强度等级

水泥标准试件在规定条件下经 28d 养生后的抗压强度。

138. 水泥混凝土强度等级

水泥混凝土标准试件在规定条件下经 28d 养生后的抗压强度。

139. 水泥混凝土配合比

按水泥混凝土设计强度等级所采用的水泥、砂、石和水的配合比例。

140. 水灰比

水泥混凝土混合料中所用的水与水泥质量的比值。

141. 和易性

水泥混凝土混合料在施工过程中的流动性和不易离析、易于捣实等综合性质。

142. 坍落度

水泥混凝土混合料流动性指标，即按规定的试验方法测得的新拌制的混合料下坍的竖直距离，以 cm 计。

143. 硬化

新拌制的水泥砂浆或水泥混凝土混合料经化学作用逐渐失去塑性而变硬的现象。

144. 水硬性

无机结合料遇水后，能在水中硬化并继续增长其强度的性质。

145. 气硬性

无机结合料能在空气中硬化并继续增长其强度的性质。

146. 离析

各种混合料出现的集料与结合料或粗集料与细集料分离的现象。

147. 徐变

固体材料的塑性变形随荷载作用时间的延续而逐渐增长的性质。

148. 老化

材料受自然条件的影响，其性能随时间的增长而衰退的现象。

149. 沥青稠度

材料的软硬、稀稠程度，对黏稠沥青以针入度表示，对液体沥青以黏（滞）度表示。

150. 黏（滞）度

沥青稠度的指标，即沥青试样在规定的温度下，通过规定尺寸的流孔流出规定体积所需的时间，以 s 计。

151. 软化点

沥青温度稳定性的指标，即沥青由固体状态转变为流动状态时的温度。

152. 延度

沥青变形能力的指标，即沥青试样在规定的温度和拉伸速度条件下被拉断时的延伸长度，以 cm 计。

153. 闪点

沥青和油类可燃性的指标，即沥青或油类按规定试验方法加热，液面产生的易燃气体遇火初次出现一瞬即灭的闪火时的温度。

154. 溶解度

沥青在规定的有机溶剂中可溶解部分的质量占原质量的百分率。

155. 热稳性

沥青混合料在高温条件下能保持稳定的能力。

156. 水稳性

材料在水的作用下能保持原有强度的能力。

157. 油石比

在沥青混合料中，沥青质量与集料或矿料质量之比，以百分率表示。

158. 含油率

沥青混合料中，沥青质量占混合料总质量的百分率。

159. 压碎值

集料抵抗压碎的性能指标。按规定试验方法测得的被压碎碎屑的质量与试样质量之比，以百分率表示。

160. 磨耗度

石料在撞击、剪切和摩擦的综合作用下，抵抗磨耗的性能指标。

161. 针入度

沥青稠度的指标，即沥青试样在规定的温度、时间和荷载条件下，标准针垂直贯入试样中的深度，以0.1mm计。

162. 弹性模量

材料在弹性极限内应力与应变的比值。

163. 回弹模量

路基、路面及筑路材料在荷载作用下产生的应力与其相应的回弹应变的比值。

164. 劲度

沥青材料或沥青混合料在一定温度和一定受荷时间下的应力与应变的比值。

165. 模量比

在多层路面中，相邻两层材料的回弹模量之比。在钢筋混凝土中，是指钢筋与混凝土的弹性模量之比。

166. 泊松比

材料轴向受力时，横向应变与纵向应变之比。

167. 疲劳试验

测定材料承受重复荷载性能的试验。

168. 劈裂试验

按规定试验方法对试件加压，使产生劈裂破坏，借以间接求得水泥混凝土或沥青混凝土的抗拉强度的方法。

169. 三轴试验

测定材料在三向受力条件下抗剪强度的方法。

170. 击实试验

在一定夯击功能条件下，测定材料的含水率与干重度关系的方法。

171. 触探试验

测定地基土中不同土层的贯入阻力和承载能力的方法。

172. 弯沉试验

用弯沉仪测定路面或路基强度的方法。

173. 环道试验

在环道中进行的大型模拟试验，借以量测静、动载及自然因素作用下，路基、路面的应力、应变及材料的耐磨性等。

174. 承载板试验

用规定的圆板测定路基土或路面各结构层的单位压力与回弹变形关系，以评定其承载能力的方法。

175. 透水性试验

用路面透水度测定仪测定沥青路面透水性的方法。

176. 车辙试验

评定沥青混凝土路面在高温时抵抗产生轮迹能力的室内模拟试验。

177. 马歇尔试验

用马歇尔稳定度仪测定沥青混合料的稳定度和流值的方法。

178. 铺砂法

测定路面表面粒料之间的平均构造深度,用以表示路面的粗糙程度。

179. 硬练胶砂强度试验

用干硬水泥胶砂(水灰比 1∶3),按照规定操作程序测试水泥强度等级的方法,简称硬练法。

180. 软练胶砂强度试验

用软塑水泥胶砂(水灰比 1∶2.5),按照规定操作程序测试水泥强度等级的方法,简称软练法。

181. 水泥安定性试验

检验水泥硬化过程中体积变化是否均匀,技术性质是否符合国定标准的试验方法。

第三章

量值溯源和能力验证

第一节 量值溯源

一、计量及其溯源性

计量是为实现单位统一、量值准确可靠而进行的科技、法制和管理活动,准确性、一致性、溯源性及法制性是计量工作的重要特点。

准确性是指测量结果与被测量真值的一致程度。由于实际上不存在完全准确无误的测量,因此在给出量值的同时,必须给出适应于应用目的或实际需要的不确定度或误差范围,否则,所进行的测量的质量(品质)就无从判断,量值也就不具备充分的实用价值。所谓量值的准确,即是在一定的不确定度、误差极限或允许误差范围内的准确。

一致性是指在统一计量单位的基础上,无论在何时、何地,采用何种方法,使用何种计量器具,以及由何人测量,只要符合有关的要求,其测量结果就应在给定的区间内一致。也就是说,测量结果应是可重复、可再现(复现)、可比较的。换言之,量值是确实可靠的,计量的核心是对测量结果及其有效性、可靠性的确认,否则,计量就失去其社会意义。计量的一致性不仅限于国内,也适用于国际,例如国际关键比对和辅助比对结果应在等效区间或协议区间内一致。

溯源性是指任何一个测量结果或计量标准的值,都能通过一条具有规定不确定度的连续比较链,与计量基准联系起来。这种特性使所有的同种量值,都可以按这条比较链通过校准向测量的源头追溯,也就是溯源到同一个计量基准(国家基准或国际基准),从而使准确性和一致性得到技术保证。否则,量值出于多源或多头,必然会在技术上和管理上造成混乱。所谓“量值溯源”,是指自下而上通过不间断的校准而构成溯源体系;而“量值传递”,则是自上而下通过逐级检定而构成检定系统。

法制性来自于计量的社会性,因为量值的准确可靠不仅依赖于科学技术手段,还要有相应的法律、法规和行政管理。特别是对国计民生有明显影响,涉及公众利益和可持续发展或需要特殊信任的领域,必须由政府主导建立起法制保障。否则,量值的准确性、一致性及溯源性就不可能实现,计量的作用也难以发挥。

由此可见,计量不同于一般的测量。测量是为确定量值而进行的全部操作,一般不具备、也不必具备计量的上述四个特点。所以,计量属于测量而又严于一般的测量,在这个意义上可以狭义地认为,计量是与测量结果置信度有关的、与不确定度联系在一起的规范化的测量。实际上,科技、经济和社会愈发展,对单位统一、量值溯源的要求愈高,计量的作用也就愈显重要。

二、溯源等级图

溯源等级图是一种代表等级顺序的框图，用以表明计量器具的计量特性与给定量的基准之间的关系，有时也称为溯源体系表。它是对给定量或给定型号计量器具所用的比较链的一种说明，以此作为其溯源性的证据。

建立溯源等级图的目的，是要对所进行的测量在其溯源到计量基准的途径中，尽可能减少环节和降低测量不确定度，能给出最大的可信度。为实现溯源性，用等级图的方式应给出：①不同等级标准器的选择；②等级间的连接及其平行分支；③标准器特性的重要信息，如测量范围、不确定度或准确度等级、最大允许误差等；④溯源链中比较用的装置和方法。等级图是逐级分等的，即用($n-1$)等级校准n等级，或由n等级向($n-1$)级溯源。试图固定两个等级间的不确定度之比是不现实的，根据被测量的具体情况，这个比率通常处于2~10之间。对某些量，准确度提高2倍也是可观的进步；但对另一些量，甚至可能达到10倍。

在等级图中应注意区别标准器复现量值的不确定度，以及经标准器校准所得测量结果的不确定度。要指明不确定度是标准、合成还是扩展不确定度，当表示为扩展不确定度时，要给出包含因子或置信概率p，还要指明其不能超过的不确定度限。对于普通计量器具，也可以指出其最大允许误差。等级图中所反映的信息，应与有关法规、规程或规范的要求相一致。

对持有某一等级计量器具的部门或企业，至少应按溯源等级图提供其上一等级标准器特性的有关信息，以便实现其向国家基准的溯源。

三、检定系统表

通过一条具有规定不确定度的不间断的比较链，使测量结果或测量标准的值能够与规定的参考标准(通常是与国家测量标准或国际测量标准)联系起来的特性，称为溯源性。

根据溯源等级图的概念，不同国家可以采取不同形式的比较链(常被称为校准链)，并附有足够的文字信息，以保证不同国家建立的校准链有相当程度的一致性，便于溯源到国家基准并与国际基准相联系。

在我国，目前还是用国家计量检定系统表来代表国家溯源等级图，它是一种法定技术文件，由国务院计量行政部门组织制定并批准发布。这种系统表通常用图表结合文字的形式表达，其要求基本上与溯源等级图方式相一致。我国规定：一项国家计量基准对应一种检定系统表，并由该项基准的保存单位负责编制，经一定的审批手续，由国家计量行政部门批准发布。

国家计量检定系统表的代号为JJF 2×××—××××，其中JJF为计量技术规范的缩写，2×××为检定系统表颁布的序号，××××为其颁布的年号。目前已颁布了近100个检定系统表。国家计量检定系统表具有一定的法律地位，它规定了我国量值传递(也可认为是量值溯源的逆过程)体系。按检定系统表进行检定，既可确保被检计量器具的准确度，又可避免用过高准确度的计量标准检定低准确度的计量器具，也可指导企业、事业单位实现计量器具量值的溯源。

检定系统框图分三大部分：计量基准器具、计量标准器具及工作计量器具。在分割这三部分的点画线中说明其检定的方法，比如是直接测量还是间接测量或比对；在每一部分内部各级标准器间，也以一定方式表示其相互关系及比较的方法。该框图的第一级应为国家基准(或原级标准)。

实际上，现有的国家计量检定系统表仅适用于目前属于检定范畴的、已经建立了国家基准的计量器具的量值传递。对于大量的进行校准的计量器具，尚需制订出国家溯源等级图。

第二节　能力验证

一、能力验证的作用和目的

1. 能力验证的作用

能力验证是利用实验室间比对来确定实验室能力的活动，实际上它是为确保实验室维持较高的校准和检测水平而对其能力进行考核、监督和确认的一种验证活动。参加能力验证计划，可为实验室提供评价其出具数据可靠性和有效性的客观证据。它的主要作用可归纳为以下四点：

(1)评价实验室是否具有胜任其所从事的校准/检测工作的能力，包括由实验室自身、实验室客户，以及认可或法定机构等其他机构进行的评价。

(2)通过实验室检测能力的外部措施，来补充实验室内部的质量控制程序。

(3)这些活动也补充了由技术专家进行实验室现场评审的手段，而现场评审被认可或法定机构所经常采用。

(4)增加实验室客户对实验室能力的信任，就实验室的生存与发展而言，用户对其是否能够持续出具可靠数据的信任度是非常重要的。

2. 能力验证的目的

能力验证是确定实验室能力的实验室间比对，而开展这种比对活动的目的可归纳为以下7点：

(1)确定实验室进行某些特定检测或测量的能力，以及监控实验室的持续能力。

(2)识别实验室中的问题并制订相应的补救措施，这些措施可能涉及诸如个别人员的行为或仪器的校准等。

(3)确定新的检测和测量方法的有效性和可比性，并对这些方法进行相应的监控。

(4)增加实验室用户的信心。

(5)识别实验室间的差异。

(6)确定某种方法的性能特征，通常称为协作试验。

(7)为参考物质赋值，并评价它们在特定检测或测量程序中应用的适用性。

能力验证是为实现目的之(1)而进行的实验室间比对，即确定实验室的检测或测量能力，但能力验证计划的运作也常为上面所列的其他目的提供信息。

二、能力验证计划的类型

为确定实验室在特定领域的检测、测量和校准能力而设计和运作的实验室间比对，称为能力验证计划。这一计划可覆盖某个特定类型的检测，或对某些特定的产品、项目或材料的检测。显然，所涉及的能力验证技术，根据被测物品的性质、所用的方法和参加实验室的数目不同，会随之发生变化。但大部分能力验证活动具有共同的特征，即将一个实验室所得的结果，与其他一个或多个实验室所得的结果进行比对。在某些计划中，参加的实验室之一可能具有控制、协调或参考的功能。最常用的能力验证计划有以下6种类型。

1. 实验室间校准计划(测量比对计划)

校准计划所涉及的被测物品,是按顺序从一个参加实验室传送到下一个实验室,这类计划通常具有如下 4 个特征:

(1)被测物品的指定值(参考值)由某个参考实验室提供,该实验室应尽量考虑由国家有关测量的最高权威机构(如国家计量院)承担。

(2)被测物品是按顺序传递给下一个参加实验室,在传递过程中应确保被测物品的稳定性,因此有必要在能力验证计划过程中对其进行校核,以保证特性及其指定值不发生明显变化。

(3)校准计划的周期往往很长,因此应严格控制被测物品的传送时间和各参加者的测量时间,在计划实施过程中(而不是在整个计划结束后)应及时向参加实验室反馈有关信息,例如以中期报告的形式等。

(4)将各测量结果与参考实验室所确定的参考值相比较,应考虑各参加实验室声明的测量不确定度。

用于此类计划的测量物品,可以包括参考标准(如电阻器、量规和仪器等)。典型的校准实验室间比对计划示于图 3-1。

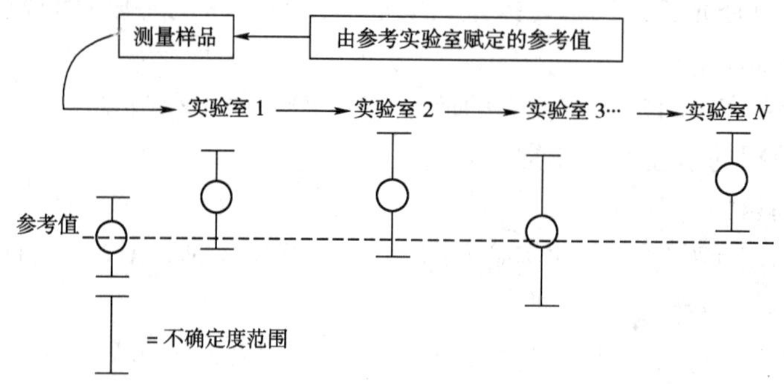

图 3-1 典型的校准实验室间比对

2. 实验室间检测计划

检测计划是从材料源中随机抽取次级样品,同时分发给参加实验室进行检测。这种方法有时也用于实验室间校准计划,它有以下 3 个特征:

①被测物品是从样品集合中随机得到的。

②每轮比对中提供给参加者的整批被测物品,必须充分均匀,以保证计划中所判别出的任何极端结果均不能归因于被测物品间存在着差异。

③将实验室返回的结果与公议值比对,以表明各实验室的能力和参加者整体的能力。

认可或法定机构或其他组织,在检测领域通常采用这类计划,所用的被测物品有沥青、水泥、液体、钢筋、土壤及其他环境物质。在某些情况下,被测物品是已建立的(有证)参考物质的分离部分。典型的检测实验室间比对计划示于图 3-2。

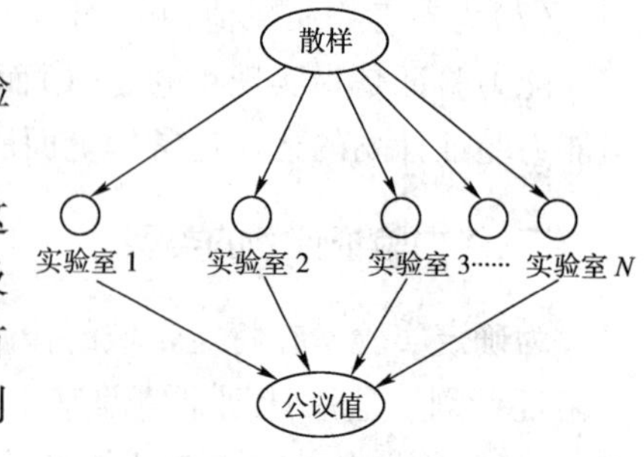

图 3-2 典型的检测实验室间比对

3. 分割样品检测计划

典型的分割样品检测计划的比对数据,由包含少量实验室的小组(通常只有 2 个实验室)提供,这些实验室将被作为潜在的或连续的检测服务提供者接受评价。在商业交易中经常采用这类计划或类似计划，把表示贸易商品的样品在代表供方的实验室和代表需方的另一实验室之间进行分割。若对供需双方实验室出具结果的差异还须仲裁时，通常把另一个样品保留在第三方实验室进行检测。

该检测计划包括把某种产品或材料的样品分成2份或几份，一般只有有限数量(通常是2个)的实验室参加。此外，这类计划往往需要保留足够的材料，以便能通过其他实验室的进一步分析来解决参加实验室之间存在的差异。这类计划的用途包括识别不良的复现性或重复性，描述一次性偏移和验证。

4. 定性计划

评价实验室的检测能力并不总是采用实验室间比对，例如，某些计划是为了评价实验室表征特定实物的能力(如识别岩石的类型、分析沥青组分等)。这类计划，可能包含计划协调者专门制备了额外目标组分的检测物品。因此在性质上，这些计划是“定性”的，不需要多个实验室参与或通过实验室间的比对方式。

5. 已知值计划

这是一种特殊的能力验证类型，不需要很多实验室参加。它包括制备待测的、被测量值已知的检测物品，提供与指定值比对的数字结果等，以此来评价实验室的检测能力。

6. 部分过程计划

这是能力验证的一种特殊类型，系指评价实验室对检测/测量全过程中的若干部分的检测/测量能力。例如，可以验证实验室转换给定数据的能力(而不是进行实际的测量或检测)，或者验证抽样、制备样品等部分的能力。

三、能力验证计划的实施

1. 参加能力验证

参加能力验证，对于已获认可和申请认可的实验室是强制性的。实验室可以书面形式申请暂不参加某一能力验证计划，但对于无故拒绝参加即没有提出暂不参加申请或申请未被认可的实验室，认可或法定机构将依据有关规定予以处理，直至暂停/撤销对该实验室的资格认可，或建议委托部门予以处理。

申请认可的实验室在获得认可之前，如有适当的能力验证计划，应至少参加一次与其主要认可项目相关的能力验证计划；已获认可的实验室，应每4年至少参加一次与其主要认可项目相关的能力验证活动。若没有适当的能力验证计划，则在认可活动中，须对实验室的主要认可项目实施测量审核。鼓励实验室积极参加认可或法定机构承认的其他机构所组织的能力验证计划和比对计划，这些外部计划包括：

(1)国际实验室认可合作组织(ILAC)组织的能力验证计划。

(2)亚太实验室认可合作组织(APCAC)组织的能力验证计划。

(3)欧洲认可机构(EA)组织的能力验证计划。

(4)国际计量局/国际计量委员会(BIPM/CIPM)组织的国际比对。

(5)亚太计量规划组织(APMP)等区域计量组织(RMO)组织的国际比对。

如果实验室参加了上述所列之外的其他能力验证计划或比对计划，须将计划组织者实施能力验证活动的详细信息提交认可或法定机构审查认同后，其结果方能应用。

2. 能力验证纠正活动

在能力验证活动中出现不满意结果(离群)的实验室，须依照能力验证纠正活动的要求进

行整改。纠正活动程序如下(图3-3):

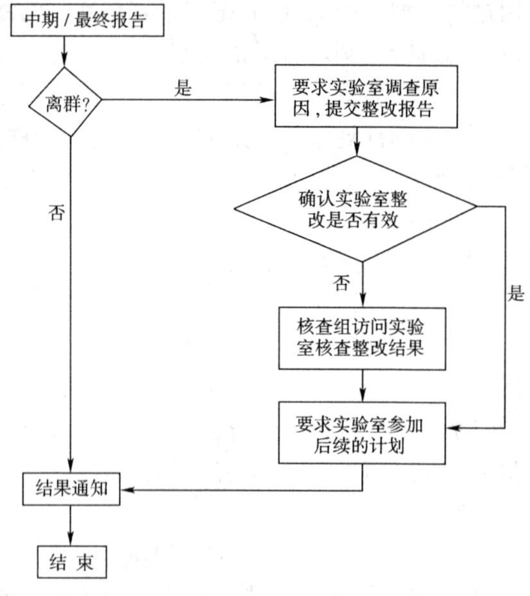

图3-3 能力验证计划纠正活动流程图

(1)要求实验室尽快寻找和分析出现离群的原因,开展有效的整改活动(有效的整改活动应包含对质量体系相关要素的控制、技术能力等方面的分析,以及进行相关的试验和有效地利用反馈信息等全面的活动),并将详细的整改报告以书面形式,在规定期限内提交认可或法定机构审查。

(2)认可或法定机构有关部门会同有关技术专家,根据实验室的整改报告,作出是否认同实验室进行了有效整改的结论。若认同,将安排后续验证计划,对实验室的整改情况加以确认;若发现实验室的整改中依旧存在问题,则派遣核查组携带样品对该实验室进行现场核查。在现场核查中,若发现实验室仍存在影响检测量结果的严重问题,将建议暂停/撤销对该实验室相关项目的认可。

(3)对于在限定期限内不提交整改报告而又无任何书面的理由陈述的实验室,将视其为拒绝接受整改,依据有关规定对其进行处理,直至停止/撤销对该实验室相关项目的认可。

3.对能力验证的要求和评价

对申请认可的实验室,在能力验证方面有以下3条基本要求:

(1)实验室应有明确的职责以确保参加能力验证计划。

(2)实验室应有参加能力验证计划的文件化程序。

(3)实验室应执行上述程序,并能够提供证明其参加了能力验证活动的记录,以及对结果的有效利用。必要时,还应提供出现不满意结果(离群)时所采取的纠正活动的证明资料。

在实验室现场评审中,对能力验证的评价有以下3条原则:

(1)实验室有明确的组织机构和职责保证参加能力验证计划,制订了完善的质量文件并按程序执行,且能够证明其参加了过程并对结果进行了有效评价、分析及反馈,则评为符合。

(2)实验室规定了职能保证参加能力验证计划,制订了完善的质量文件,但没有完全按程序实施,没有相关的记录,则评为有缺陷。

(3)实验室没有规定明确的职责,也没有制订参加能力验证计划的质量文件,则评为不符合。

第四章

实验室认可准则

第一节　概　　述

中国实验室国家认可委员会(CNAL)等同采用ISO/IEC 17025—1999即《检测和校准实验室能力的通用要求》(GB/T 27025—2008),制定了《CNAL实验室认可准则》(CNAL/AC 01：2002)(以下简称《认可准则》或本准则)。为支持各个特定领域的认可活动,CNAL根据各技术领域的特点,同时制订一系列实验室《认可准则》在特定领域的应用说明,对本准则的通用要求进行必要的补充说明和解释,但并不增加或减少准则的要求。《认可准则》的应用说明应与《认可准则》同时使用。

本章仅给出了《认可准则》的理解要点。为便于理解,本章内容完全按照《认可准则》的条款进行编排。每一要素均给出了条文释义与理解。

本章是实验室认可基础知识中最关键的部分,是实验室建立质量管理体系和评审员实施认可评审必须掌握的重要内容。

第二节　《认可准则》的引言

本准则所依据的ISO/IEC 17025—1999是在ISO/IEC指南25和EN 45001得到广泛应用的基础上产生并取代上述两个标准的,包含了检测和校准实验室为证明其按质量体系运行、具有技术能力并能提供正确的技术结果所必须满足的所有要求。

认可委员会应将本准则作为对检测和校准实验室能力进行认可的基础。其中规定了进行有效管理的要求和实验室对其从事的检测和/或校准工作具备技术能力的要求。

随着质量体系日益广泛的应用,作为较大组织的一个组成部分或提供其他服务的实验室,要求其保证按照既符合ISO 9001或ISO 9002,又符合本准则的质量体系运作的需要在不断增长。因此,本准则包括了ISO 9001和ISO 9002中与实验室质量体系所覆盖的检测和校准服务范围有关的所有要求。

按照本准则运作的检测和校准,实验室也符合ISO 9001或ISO 9002的要求。

获得ISO 9001或ISO 9002认证本身并不能证明实验室具有提供正确的技术数据和结果的能力。

认可委员会已经加入了国际实验室认可合作组织的多边承认协议,如果实验室符合本准则,并且得到认可委员会的认可,将会促进国家之间的检测和校准结果的相互认可。

本准则等同采用ISO/IEC 17025—1999,将会促进获认可实验室和其他机构间的合作,并有助于交流信息和经验、统一标准和方法。

第三节 《认可准则》的范围、引用标准及术语和定义

一、范围

(1)本准则规定了实验室进行检测和/或校准的能力(包括抽样能力)的通用要求。这些检测和校准包括应用标准方法、非标准方法和实验室制订方法进行的检测和校准。

(2)本准则适用于所有从事检测和/或校准的组织,包括诸如第一方、第二方和第三方实验室,以及将检测和/或校准作为检查和产品认证工作一部分的实验室。

本准则适用于所有实验室,不论其人员数量的多少或检测和/或校准活动范围的大小。当实验室不从事本准则所包括的一种或多种活动,例如抽样和新方法的设计(开发)时,可不采用本准则中相关条款的要求。

(3)本准则中的注是对正文的说明、举例和指导,它们既不包含要求,也不构成本标准的主体部分。

(4)本准则用于 CNAL 对检测和校准实验室能力的认可。寻求认可的检测和校准实验室应按本准则建立质量、管理和技术体系并控制其运作。

(5)本准则不包含实验室运作中应符合的法规和安全要求。

(6)如果检测和校准实验室符合本准则的要求,当它们从事新方法的设计(开发)和/或结合标准的和非标准的检测和校准方法制订试验方案时,其检测和校准所运作的质量体系也符合 ISO 9001:1994 的要求;在实验室仅使用标准方法时,则符合 ISO 9002:1994 的要求。本准则包含了 ISO 9001 和 ISO 9002 中未包含的一些技术能力要求。

二、引用标准

下列标准所包含的条文,通过在准则中引用而构成为本准则的条文。所有标准都会被修订,使用本准则的各方应探讨使用下列标准最新版本的可能性。

ISO 9001:1994 《质量体系 设计、开发、生产、安装和服务的质量保证模式》;

ISO 9002:1994 《质量体系 生产、安装和服务的质量保证模式》;

ISO/IEC 指南 2 《标准化及相关活动的一般术语和定义》;

VIM 国际通用计量学基本术语,由国际计量局(BIPM)、国际电工委员会(IEC)、国际临床化学和实验医学联合会(IFCC)、国际标准化组织(ISO)、国际理论化学和应用化学联合会(IUPAC)、国际理论物理和应用物理联合会(IUPAP)和国际法制计量组织(OIML)发布。

三、术语和定义

本准则采用下列定义:

1. 检测实验室

从事检测工作的实验室。检测是指按照规定程序,由确定给定产品的一种或多种特性、进行处理或提供服务所组成的技术操作(ISO/IEC 指南 2:1996)。

2. 校准实验室

从事校准工作的实验室。校准是指在规定条件下，为确定测量仪器或测量系统所指示的量值，或实物量具或标准物质所代表的量值，与对应的由标准所复现的量值之间关系的一组操作(VIM)。本准则优先使用ISO/IEC 指南2和VIM中给出的术语和定义。

第四节　对《认可准则》中管理要素的理解

一、组织

(1)实验室或其所在组织应是一个能够承担法律责任的实体。

(2)实验室所从事检测和校准工作应符合本准则的要求，并能满足客户、法定管理机构或对其提供承认的组织的需求。

(3)实验室的管理体系应覆盖实验室在固定设施内或在其固定设施的场所，以及在相关的临时或移动设施中进行的工作。

(4)如果实验室所在的组织还从事检测和/或校准以外的活动，为了鉴别潜在的利益冲突，应界定该组织中涉及检测和/或校准或对检测和/或校准有影响的关键人员的职责。

注：1. 如果实验室是某个较大组织的一部分，该组织应使其有利益冲突的部分，如生产、商贸营销或财务部门，不对实验室满足本准则的要求产生不良影响。

2. 如果实验室希望作为第三方实验室得到认可，应能证明其公正性，并且实验室及其员工能够抵御任何可能影响其技术判断的、不正当的商业、财务或其他方面的压力。第三方检测或校准实验室不应参与任何损害其判断独立性和检测或校准诚信度的活动。

(5)实验室岗位职责：

①有管理人员和技术人员。他们具有所需的权力和资源以履行其职责，识别对质量体系或检测和/或校准程序的偏离，以及采取措施预防或减少这种偏离。

②有措施保证其管理层和员工不受任何对工作质量有不良影响的、来自内外部的不正当的商业、财务和其他方面的压力和影响。

③有保护客户的机密信息和所有权的政策和程序，包括保护电子存储和传输结果的程序。

④有政策和程序以避免卷入任何可能会降低其能力、公正性、判断或运作诚实性的可信度的活动。

⑤确定实验室的组织和管理结构及其在母体组织申的地位，以及质量管理、技术运作和支持服务之间的关系。

⑥规定对检测和/或校准质量有影响的所有管理、操作和核查人员的职责、权力和相互关系。

⑦由熟悉各项检测和/或校准方法、程序、目的和结果评价的人员对检测和校准人员包括在培员工进行足够的监督。

⑧有技术管理层全面负责技术运作和确保实验室运作质量所需的资源。

⑨指定一名人员作为质量主管(不论如何称谓)，不管现有的其他职责，应赋予其在任何时候都能保证质量体系得到实施和遵循的责任和权力。质量主管应有直接渠道接触决定实验室政策和资源的最高管理层。

注：个别人可能有多项职能，对每项职责都指定代理人可能是不现实的。

［条文释义与理解］

（1）实验室是指符合ISO/IEC指南2中定义的实验室，它通常又可分为检测实验室和校准实验室两类。从法律上讲，实验室有两种情况必须注意区分：一种是实验室本身就是一个独立法人单位，它在国家有关的政府管理部门依法设立、依法登记注册，获得政府的批准，具有明确的法律身份，因此它的法律地位是明确的，能够独立地承担相应的法律责任；另外一种情况是实验室本身不是独立法人单位，而是某个母体组织的一部分，这时母体组织必须是一个独立法人单位，这样才有可能为实验室承担应有的法律责任，而且母体组织独立法人单位的法定代表人必须正式书面授权实验室进行与检测/校准相关的活动。能满足以上两种情况之一，并能提供书面有效的法律证据则可认为本条款要求得到满足。

明确实验室的法律身份（即法律地位），其目的在于确保实验室有能力承担法律责任。法律地位是实验室承担法律责任的保证。

根据《中华人民共和国民法通则》规定，社会组织要成为独立法人单位须具备以下4个条件：

①依法成立。

②有必要的财产与经费。

③有自己的名称、组织机构和场所。

④能独立承担民事责任。

如果实验室本身就是一个独立的依法登记注册的单位，它是具备独立法人单位资格的，显然能独立承担法律责任。如果实验室本身不是一个独立法人单位，而实验室所在母体组织（实验室是母体组织中可区分的一部分时）是独立法人单位，其法定代表人书面授权实验室开展检测/校准活动，按照我国的法律规定，其母体组织必将为实验的检测/校准活动承担法律责任。

（2）实验室的责任有4个方面：

①检测/校准活动要满足本准则要求。

②满足客户需求。

③满足官方管理机构的需求。

④满足提供承认的组织的需求。

满足本准则要求，也就是满足管理方面14个要素的要求和技术能力方面10个要素的要求。满足客户的需求不但要满足客户在合同上明示的要求，而且还要正确识别客户潜在的需求，这就对实验室提出了更高的要求。在ISO/IEC 17025标准中涉及“客户”的条款有23处之多。

①要求实验室满足客户需求。

②有保护客户的机密信息和所有权的政策与程序。

③质量方针声明至少要包括实验室管理层对为客户提供检测/校准服务质量的承诺。

④质量方针声明可包括始终按照规定的方法和客户的需要来进行检测/校准的要求。

⑤实验室应建立并保持对（客户）要求、投标书和合同的评审程序，选择适当的、能满足客户要求的检测/校准方法，应在工作开始之前解决（客户）要求或投标书与合同之间的任何差异，每项合同应被实验室和客户双方接受（合同可以是为客户提供检测/校准服务的任何书面的或口头的协议）。

⑥对合同任何偏离均应通知客户。

⑦实验室应将分包协议以书面形式通知客户，适当时应得到客户的同意，最好是书面同意。

⑧除非客户或管理机构指定分包方，否则实验室应就其分包方的工作对客户负责。

⑨实验室应与客户协作，明确客户要求，并在能确保其他客户机密的情况下，允许客户到实验室观察、监视与其工作有关的操作；实验室还可以为客户制备、包装和分发样品，并应与客户保持良好的沟通，提供技术方面的建议和指导以及对结果的意见和解释；检测/校准工作中的任何延误和偏离应通知客户，应搜集客户反馈信息资料以改进对客户的服务。

⑩实验室应有政策和程序处理来自客户的投诉。

⑪实验室应对不符合与客户的约定要求的工作进行控制。

⑫在内部审核中如果调查表明实验室的结果可能已经受到影响，应书面通知客户。

⑬管理评审的内容应包括客户的反馈和投诉。

⑭满足客户对实验室人员资格的要求。

⑮对检测/校准方法的偏离应得到客户的同意。

⑯方法选择应满足客户需要，所选用的方法应通知客户。

⑰当需要使用非标准方法时，应征得客户的同意。

⑱在按方法预期用途评价所确认的方法得到值的范围和准确性，应适应客户的需求。

⑲当客户对抽样程序有偏离、增补或删改的要求时，应详细记录这些要求和相关抽样数据。

⑳样品管理程序要保护客户利益。

㉑结果报告应包括客户要求的、说明结果必需的和方法要求的全部信息，在内部客户或与客户有书面协议的情况下可简化结果的报告方式。

㉒若客户要求给出测量不确定度，则实验室应在检测报告中给出有关不确定度的信息。

㉓许多情况下，与客户就结果的意见与解释直接对话交流可能是适宜的。

对于一个实验室的管理者而言，要成功地领导和经营其实验室，需要采用一种系统的、透明的方式对实验室进行管理，需针对所有相关方（除了客户外，还有员工、所有者、分供方、官方管理机构或认可机构等社会相关方）的需求，实施并保持持续改进实验室业绩的管理体系。也就是说实验室不能仅仅停留在满足客户需求上，还要进一步扩大到满足相关方的需求和期望。每个组织都有相关方，而每个相关方都有各自不同的需求和期望。实验室应努力识别自己的相关方，其中包括官方管理机构和认可机构等。组织的成功也包括是否能理解和考虑其相关方当前和未来的需求。首先实验室应识别相关方的需求，并将它们转化为文件化的要求，在整个组织内沟通这些要求，特别是识别适用的法律法规的要求。管理者应当确保实验室具有适用于其检测/校准活动的法律法规要求方面的知识，并应将这些要求作为质量管理要求之一。实验室应加强与认可机构的沟通和联系，从认可机构提供的文件资料和信息中可以识别出认可机构的需求并加以满足。实验室应建立一种机制，有渠道不断获得上述官方管理机构的法律法规等指令和认可机构的书面文件等，并将它们适当文件化，纳入实验室的质量管理体系要求中并定期加以评审。

(3)要求实验室的管理体系应覆盖实验室在以下场所进行的工作（指检测、校准及有关抽样工作）：

①固定设施内。

②离开其固定设施的场所(例如远离实验室本部的郊外开阔场试验基地)。

③相关的临时设施(例如该设施在时间上是临时的,过了一定时间后该设施将被拆除或更换)。

④相关的移动设施(该设施在空间上是移动的)。

问题之一是首先要理解什么是实验室的管理体系。管理体系是指建立方针和目标并实现这些目标的体系;体系是指相互关联或相互作用的一组要素(ISO 9000:2000)。一个组织的管理体系可以包括若干个不同的管理(子)体系,如质量管理(子)体系、财务管理(子)体系或环境管理(子)体系。质量管理(子)体系是指在质量方面指挥和控制组织的管理体系。管理体系不仅仅是质量管理体系,但我们关注的焦点应该说主要是针对质量管理体系而言的(至少大多数情况下是如此)。建立、实施、保持、改进实验室管理体系首先要建立文件化的管理体系,并应特别注意所建立的管理体系应覆盖离开固定设施的场所、临时设施和移动设施中所进行的工作。

(4)如果实验室所在的母体组织还从事检测/校准工作以外的活动,不管实验室是母体组织的主要部分还是次要部分,都要鉴别从事其他活动的部门或人员对实验室从事检测/校准活动是否存在着潜在的利益冲突,并明确与实验室的检测/校准活动有关或有影响的这些关键人员或部门的责任。母体组织中这些关键人员或部门的职责权限应有明确的规定,目的是要确保实验室工作的公正性和独立性,确保其他部门或关键人员不会对实验室满足本准则的要求产生不良的影响。这里需指出的是:如果实验室是某个较大组织的一部分,例如某公司的实验室,该公司应确保有利益冲突的部门,例如公司的生产部、商贸营销部或财务部等其他部门,不会对实验室满足本准则要求产生不利的影响。实验室在建立质量管理体系的过程中要注意识别这种潜在利益冲突,并采取相应措施。

如果某个实验室希望作为第三方实验室获得认可,实验室应能提供充分证据证明它的公正性,并且确保实验室及其成员能够抵御任何可能影响实验室技术判断的、不正当的商业、财务的和其他方面(例如来自行政方面)的不正当压力或利诱。第三方实验室应保证不参与任何可能危及对其判断独立性和检测/校准工作诚实性的活动。

顺便指出,本准则没有明确规定要区分实验室是第一方的、第二方的或第三方的,实验室认可机构主要关注的焦点是实验室是否具有公正性、独立性和诚实性,不论实验室是第一方的、第二方的或第三方的,都必须满足这些要求,这一点在本准则中也有相应规定。

(5)规定实验室应做到以下10点:

①实验室应配备足够的管理人员和技术人员,其数量和资格条件应满足实验室工作类型、工作范围和工作量的需要。这些管理人员和技术人员的岗位职责应明确,有职、有权、有资源以确保他们能履行其职责,识别对质量管理体系的偏离和对检测/校准工作程序的偏离,并且采取措施预防或减小这些偏离。这些管理人员和技术人员的职责,应在岗位职责描述中明确规定并加以实施。

②实验室应有明文规定的措施确保它的管理层(各级管理者)和员工,不受任何对检测/校准工作质量有不良影响的、来自实验室内部或外部的不正当的商业、财务和其他方面的压力和影响。如果存在实验室内部或外部的不正当压力,就可能会导致不公正。对于非独立法人的实验室,应有机制确保其母体组织不干预实验室的公正性和独立性;实验室要有明文规定的措施,保证所有的工作人员的工作质量不受来自商业、财务和其他方面的压力或利诱等不良影响,其中也包括内、外部行政领导的不恰当干预。

③实验室应有保护客户机密信息和所有权的政策和程序,该程序中应包括保护以电子媒介方式来存储和传输的检测/校准结果。

本准则中涉及保护客户机密和所有权的条款还有多处,例如:

a. 在确保其他客户机密的前提下允许客户到实验室监视与其工作有关的操作。

b. 所有记录应保证安全和保密。

c. 数据的保密性。

d. 实验室应有包括保护检测/校准样品完整性、保护实验室和客户利益的所有必要的规定。

e. 结果的电子传输应满足数据控制(包括保密)的要求。

④实验室应有政策和程序,以避免涉及任何可能会降低其在能力、公正性、判断力或工作诚实性方面的可信度的活动。

在实验室进行的各项活动中,应该有政策和程序来规范实验室人员自己的行为,避免涉及任何可能会降低对其能力、公正性、判断力或诚实性的信任的活动。例如检测人员不得涉及被测样品的研究、开发、设计和制造工作;检测人员或校准人员应能严格地按规定的方法进行检测/校准,以数据说话;能做出独立公正的判断,能为客户保守机密信息,尊重客户的知识产权,实事求是;不弄虚作假,诚实可信。总之,实验室必须有这方面的政策和程序规定来约束自己,确保公正性、独立性和诚实性。

⑤实验室应确定自己的组织和管理结构,如不是独立法人,则应清楚描述实验室在母体组织中的地位,并确定质量管理、技术工作和支持服务之间的关系。

组织的定义是职责、权限和相互关系得到安排的一组人员及设施,这种安排通常是有序的。组织结构的定义是人员的职责、权限和相互关系的安排;组织结构的正式表述通常在质量手册或项目的质量计划中提供;组织结构的范围可包括有关与外部组织的接口。

实验室的组织和管理机构一般用组织机构图并结合岗位职责的文字描述来表述。组织机构图最好用两张图表述:一张是描述实验室内部组织机构的图,用方框表示各种管理职务或相应的部门,箭头表示权利的指向,通过箭头线将各方框连接,标明了各种管理职务或部门在组织机构中的地位以及它们之间的关系,下级(箭头指向)必须服从上级(箭头发出)指示,下级必须向上级报告工作;另一张图主要是用来描述实验室在母体组织中的地位,重点是描述实验室与外部组织之间的接口。当然以上两张图也可以合二为一。岗位职责的文字描述要求简单明确地指出该管理岗位(职务)的工作内容、职责和权力、与组织中其他部门和职务的关系以及担任某项职务者所必须具备的基本素质、技术知识、工作经验、处理问题的能力等任职条件。在组织机构图绘制过程中,应把组织机构的质量管理部门、技术工作部门和支持服务部门之间的相互关系尽量表示出来,必要时可用文字补充说明。

绘制实验室的组织机构图以及编制岗位职责描述时要紧紧围绕识别客户需求、合同评审、抽样、样品进入实验室、样品的制备、检测/校准环境条件的监控和记录、设备的校准与监控、消耗性材料采购的控制、人员技术水平的监督与控制、检测/校准方法的选择与确认、检测/校准过程的控制、原始记录以及数据处理,直到报告的编制、校核和审批等工作全过程的岗位职责分配。此外还必须按准则要求,逐条逐款将质量职能分解到有关部门和岗位上,要尽量做到分工清晰、职责明确。职责界限应清楚,职责内容应具体并要作出明文规定,只有这样才可以把职责分清,便于执行与检查考核。另外职责中还应包括横向联系的内容,在规定某个岗位工作职责的同时,必须规定同其他部门、其他岗位协同配合的要求,只有这样才能提高整个体系的功效。职责规定好后一定要落实到每个人,“没有分工的共同负责”是一句空话,实际上是无人负责,其后果是导致管理上的混乱。

关于本条款中实验室应明确规定质量管理、技术工作和支持服务工作之间的关系,现补充说明如下:

a.质量管理工作是指领导和控制实验室进行检测/校准工作质量有关的相互协调的活动,是各级管理层所进行的活动。它又可分为质量策划、质量控制、质量保证和质量改进4方面活动。

b.技术工作在实验室中是指从识别客户需求开始,利用资源(人力、物力、资金和信息)作为过程的输入,将过程输入转化为一系列的检测/校准的输出即测试数据,最后“包装”为检测报告或校准证书,这就是实验室的检测/校准工作的全过程。在这个检测/校准服务的全过程中,需要有足够专业技术水平的专家投入,要控制检测/校准工作的环境条件,要选择利用适宜的检测/校准仪器设备,要有一套适宜的检测/校准方法,以便得出准确的检测/校准结果,通过记录和数据处理最后向客户报告检测/校准的结果,这就是实验室的技术工作内容。

c.在实验室中,消耗性材料的采购、设备的维修保养、样品的储存保管与运输、文件资料的清理与保管及仪器设备的周期送校等均可认为是支持服务工作。

以上3种工作的关系简单来说就是:

a.实验室的检测/校准工作是技术性很强的工作,它是实验室工作的主干线。

b.实验室的支持服务工作是为技术工作服务的,为技术工作做好一切资源上的准备,起着后勤和保障作用。

c.管理工作包括技术管理工作和服务管理工作,主要起着策划、组织、协调、控制(监督、检查)、持续改进的作用,管理的目的是为了高效地实现预期的目标,为检测/校准工作提供指引和保证。

⑥要求实验室规定对检测/校准工作质量有影响的三类人员(管理人员、操作人员、核查人员)的职责、权力和相互关系。所谓管理人员是指从事计划职能、组织职能、领导职能(高层、中层、基层领导职能)、控制职能的人员;所谓操作人员是指直接从事检测/校准操作的人员;所谓核查人员则是指监督人员、检查人员和审核人员。在规定岗位和职责权利以外还必须规定同其他部门或其他岗位协同配合的要求,也就是“接口”关系,这就是相互关系。实验室应根据自身的工作类型、工作范围、工作量来设置管理人员岗位、操作人员岗位和核查人员岗位,详细规定他们的职责、权力和相互关系。

⑦实验室要对检测/校准人员包括正在培训的人员进行充分的监督。监督的目的在于确保其具有所从事的检测/校准工作的初始能力和持续能力。

本条款还明确规定了担任监督员的条件:

a.熟悉各项检测/校准的方法、程序。

b.了解检测/校准工作的目的。

c.知道如何评价检测/校准结果。

监督是否充分,应考虑以下几点:

a.对不同类型、不同专业范围是否配备了符合资质条件的监督员。

b.监督员的比例是否足够。

c.对如何监督、监督的频率和监督的内容是否有文件化的规定。

d.监督后针对表现不满意的人员是否有措施,措施有效性如何。

e. 监督的结果是否输入管理评审。

⑧本准则规定应有一个技术管理层，即可以有多名技术负责人，全面负责技术工作和所需资源供应以保证实验室工作质量。大量实践证明，对于规模较大、学科门类众多的实验室来说，仅有一名技术管理者全面负责技术工作是不实际的，也是不科学的，而由一个技术管理层（特别强调可以是多个人）来全面负责技术工作将更加科学合理并切合实际情况；此外技术管理层还有一项职责，就是要全面负责所需资源（物质资源、人力资源、信息资源等）的供应。

⑨实验室应指定一名人员担任质量主管，无论如何称谓，也不管有何其他职务和责任，他必须有明确的责任和权利保证质量管理体系在任何时候都能有效运行。质量主管的地位不能太低，必须能与最高管理层（最高管理者及其代理人）直接接触和沟通，而最高管理层是实验室的方针、政策和资源的决策者。

⑩本条款中的关键管理人员一般指最高管理者、技术管理层（可能包括多名技术负责人）、质量主管等。实验室中每个人可能有不止一个职务（职能），为每一个职务（职能）均指定代理人可能是不现实的，在此种情况下不必死抠条文，应从实际出发，以有效性为准。

二、质量体系

（1）实验室应建立、实施和维持与其活动范围相适应的质量体系。应将其政策、制度、计划、程序和指导书制订成文件，并达到确保实验室检测和/或校准结果质量所需的程度。体系文件应传达至有关人员，并被其理解、获取和执行。

（2）实验室质量体系的方针和目标应在质量手册（不论如何称谓）中予以规定，总体目标应以文件形式写入质量方针声明。质量方针声明应由首席执行者授权发布，至少包括下列内容：

①实验室管理层对良好职业行为和为客户提供检测和校准服务质量的承诺。

②管理层关于实验室服务标准的声明。

③质量体系的目标。

④要求实验室所有与检测和校准活动有关的人员熟悉与之相关的质量文件，并在工作中执行这些政策和程序。

⑤实验室管理层对遵循本准则的承诺。

注：质量方针声明宜简明，可包括应始终按照规定的方法和客户的需要来进行检测和/或校准的要求。当检测和/或校准实验室是某个较大组织的一部分时，某些质量方针要素可以列于其他文件之中。

（3）质量手册应包括或注明含技术程序在内的支持性程序，并概述质量体系中所用文件的架构。

（4）质量手册中应界定技术管理层和质量主管的作用和责任，包括确保遵循本准则的责任。

［**条文释义与理解**］

（1）在 ISO 8402（1994 版）中“质量体系”的定义是为实施质量管理所需的组织结构、程序、过程和资源，并进一步说明质量体系的内容应以满足质量目标的需要为准；而 ISO 9000（2000 版）中将“质量体系”改为“质量管理体系”，其定义为在质量方面指挥和控制组织的管理体系，同时把“管理体系”定义为建立方针和目标并实现这些目标的体系，从中表明了一个组织的管理体系可包括若干个不同的管理体系，如质量管理体系、财务管理体系或环境管理体系。

要理解质量管理体系必须首先理解什么是组织结构,什么是程序,什么是过程,什么是资源。“组织结构”在ISO 9000(2000版)中的定义是人员的职责、权限和相互关系的安排,并进一步说明安排通常是有序的。组织结构的正式表述通常在质量手册或项目的质量计划中提供,组织结构的范围可包括有关与外部组织的接口。“程序”在ISO 9000(2000版)中的定义为“为进行某项活动或过程所规定的途径”,并进一步说明程序可以形成文件,也可以不形成文件。当程序形成文件时,通常称为书面程序或形成文件(文件化)的程序,含有程序的文件可称为程序文件。文件化程序中通常包括活动的目的和范围,即为什么做(目的),做什么,由谁来做,何时、何地和如何做(简称“5W1H”),应使用什么材料、设备和文件,如何对活动进行控制和记录。“过程”在ISO 9000(2000版)中的定义为“一组将输入转化为输出的相互关联或相互作用的活动”,并进一步说明一个过程的输入通常是其他过程的输出,组织为了增值通常对过程进行策划并使其在受控条件下运行。对形成的产品是否合格或进行验证的过程通常称之为特殊过程。“资源”的种类在ISO 9000(2000版)中包括如人力资源、基础设施、工作环境、信息、(分)供方和合作者、自然资源的可获得性、财务资源(资金是财务资源的一部分)。

那么什么是质量管理呢?在ISO 9000(2000版)中“质量管理”的定义为在质量方面指挥和控制组织的协调的活动,并进一步说明在质量方面的指挥和控制活动,通常包括制订质量方针和质量目标以及质量策划、质量控制、质量保证和质量改进。

质量管理的基本职能可以划分为决策(包括策划、计划)、组织(包括用人)、协调(包括指挥、领导、沟通、指导、激励)、控制(监督、检查)和改进(创新)。

为实施质量管理所建立起来的质量管理体系(组织结构、职责、程序、过程、资源)必须与实验室的活动范围相适应,包括实验室的工作类型(是校准的还是检测的,或者两种类型兼存)、工作范围(专业领域范围)、工作量(每年做多少检测/校准项目、出具多少份报告或证书)等。需要注意的是,首先要建立质量管理体系,然后要实施质量管理体系,最后要保持并改进质量管理体系,这是连起来的三部曲,缺一不可。本条款要求将实验室的方针、体系、计划、程序和指导书适当地文件化,也就是要求建立一个文件化的质量管理体系(其中包含组织结构、程序、过程、资源等几个子系统),以达到确保实验室检测/校准结果质量的目的。

文件化的详略程度与执行质量手册、程序文件或作业指导书的人员的培训教育程度有关,没有一个固定的标准。人员素质较高,文件可以适当简单些,人员素质较低或人员流动性较大,则文件需要编写的详细些,总之适可而止,只要能达到确保检测/校准质量的目的即可。质量管理体系文件应传达或宣贯至有关人员,并使之容易被有关人员获取,还应保证它们得以正确的理解和实施。

(2)应理解什么是实验室质量管理体系的方针和目标。质量方针是由组织的最高管理者正式发布的该组织总的质量宗旨和方向。质量方针应与组织的总方针相一致,并为制订质量目标提供框架。八项质量管理原则可以作为制订质量方针的基础。质量目标是在质量方面所追求的目标,通常依据组织的质量方针制订,且应对组织的相关职能和层次分别规定质量目标。实验室的总体目标应以文件化形式写入质量方针声明中,质量方针应由实验室的行政主管授权发布。实验室的质量方针至少应包括以下内容:

①实验室管理层的承诺:承诺内容应有为客户服务的良好职业规范,并且保证为客户提供的检测/校准服务的质量。

②管理层关于实验室服务标准的声明(实验室应制订服务标准)。

③质量管理体系的目标，是属于中长期(3～5年)的目标(年度目标属短期目标，可不在质量手册中出现，而在年度计划中出现，年度目标应提交管理评审)。

④要求实验室所有与检测/校准活动有关工作人员熟悉相关的质量管理体系文件，并在工作中贯彻执行这些政策与程序。

⑤实验室管理层对遵守本准则的承诺。

质量方针应尽可能简明扼要，其中还可以包括检测/校准始终依据规定方法和客户需要进行的要求。实验室是某个较大组织的一部分时，质量方针的某些要素可以写在其他文件中。

(3)质量手册应描述整个质量管理体系文件的架构，使读者能清楚地了解整个质量管理体系文件有哪些内容。作为对质量手册的支持性程序的文件，有的可以包括在质量手册内，如果不包含在质量手册中，则在质量手册中应予以注明以便于查找。支持性程序文件应包括技术程序在内。

(4)质量手册应明确规定技术管理者和质量经理的职责、权限和作用，包括确保遵循本准则的责任。

三、文件控制

(1)总则。

实验室应建立和维持程序来控制构成其质量体系的所有文件(内部制订或来自外部的)，诸如规章、标准、其他规范化文件、检测和/或校准方法，以及图纸、软件、规范、指导书和手册。

注:1.本文中的"文件"可以是方针声明、程序、规范、校准表格、图表、教科书、张贴品、通知、备忘录、软件、图纸、计划等。这些文件可能承载在各种载体上，无论是硬拷贝或是电子媒体，并且可以是数字的、模拟的、摄影的或书面的形式。

2.有关检测和校准数据的控制以及记录的控制，在相关条款中都有规定。

(2)文件的批准和发布。

①凡作为质量体系组成部分发给实验室人员的所有文件，在发布之前应由授权人员审查并批准使用。应建立识别质量体系中文件当前的修订状态和分发的控制。清单或等同的文件控制程序并易于查阅，以防止使用无效和/或作废的文件。

②所用程序应确保：

a.在对实验室有效运作起重要作用的所有作业场所，都能得到相应文件的授权版本；

b.定期审查文件，必要时进行修订，以保证持续适用和满足使用的要求；

c.及时地从所有使用和发布处撤除无效或作废的文件，或用其他方法确保防止误用；

d.出于法律或知识保存目的而保留的作废文件，应有适当的标记。

③实验室制订的质量体系文件应有唯一性标识。该标识应包括发布日期和/或修订标识、页码、总页数或表示文件结束的标记和发布机构。

(3)文件变更。

①除非另有特别指定，文件的变更应由原审查责任人进行审查和批准。被指定的人员应获得进行审查和批准所依据的有关背景资料。

②若可行，更改的或新的内容应在文件或适当的附件中标明。

③如果实验室的文件控制制度允许在文件再版之前对文件进行手写修改，则应确定修改

的程序和权限。修改之处应有清晰的标注、签名缩写并注明日期。修订的文件应尽可能地正式发布。

④应制订程序来描述如何更改和控制保存在计算机系统中的文件。

[**条文释义与理解**]

(1)实验室应建立并保持构成其质量管理体系的所有文件(包括内部产生的和来自外部的)的控制程序,简称为文件控制程序。构成实验室的完整质量管理体系文件应该包括哪些内容呢?它的来源可分为两部分,一部分来自实验室内部制订的,例如质量手册、管理性程序文件、技术性程序文件、作业指导书、记录表格等;还有一部分来自外部的,诸如法律、法规、规章、标准、规范、检测/校准方法、图纸、软件参考数据手册等。文件可以承载在各种媒体上,可以是硬拷贝或是电子媒体。

文件的定义是信息及其承载媒体。本准则中的文件包括方针声明、程序、技术规范、记录表格、图表、教科书、广告、通告、备忘录、软件、图纸、计划等;媒体可以是纸张、磁盘、光盘或其他电子媒体、照片或标准样品,或是它们的组合。记录是阐明所取得的结果或提供所完成活动的证据的文件,可用于提供追溯性的证据,并提供验证、预防措施和纠正措施的证据。

(2)文件的批准和发布应注意以下7个方面:

①明确纳入到质量管理体系控制范围之内的所有文件在发布给实验室工作人员使用之前,必须经过授权人员审核并批准,以确保文件是充分的和适宜的。

②编制识别质量管理体系文件现行修改状态和分发情况的总目录或相应的文件控制程序,目的是便于查阅,避免使用失效或作废的文件。

③确保在实验室有效运作起重要作用的作业现场都能得到文件的批准版本。

④定期审核文件(必要时修订)确保持续适用。

⑤及时从发布或使用场所撤出失效或作废文件,或用其他方法确保不被误用。

⑥有必要保留的作废文件应有适当标识以防误用。

⑦实验室制订的质量管理体系文件应有唯一性标识,该标识应包括发布日期和(或)修订标识、页码、总页数或表示文件结束的标记和发布机构。

(3)文件更改应注意以下4个方面:

①除非另有特别指定,文件更改应由原审批人进行审查和批准;若有特别指定,则被指定人员应获得进行审批所依据的有关背景资料。

②可行的话,更新的内容应在文件或相应附件中标明。

③如果实验室的文件控制体系允许手写修改,则应明确规定此类修改的程序和权限,修改之处应清楚地标明,并签名和注明日期;修改的文件应尽快正式发布。

④应制订程序来描述如何更改和控制保存在计算机系统中的文件。

四、要求、标书和合同的评审

(1)实验室应建立和维持评审客户要求、标书和合同的程序。这些为签订检测和/或校准合同而进行评审的政策和程序应确保:

①对包括所用方法在内的要求应予适当规定,形成文件,并易于理解。

②实验室有能力和资源满足这些要求。

③选择适当的、能满足客户要求的检测和/或校准方法。

客户的要求或标书与合同之间的任何差异,应在工作开始之前得到解决。每项合同应得到实验室和客户双方的接受。

注:1. 对要求、标书和合同的评审需以可行和有效的方式进行,并考虑财务、法律和时间安排等方面的影响。对内部客户的要求、标书和合同的审查可以按简化方式进行。

2. 对实验室能力的评审,应证实实验室具备了必要的物力、人力和信息资源,且实验室人员对所从事的检测和/或校准具有必要的技能和专业技术。该评审也可包括以前参加的实验室间比对或能力验证的结果和/或为确定测量不确定度、检出限、置信限等而使用的已知值样品或物品所做的试验性检测或校准计划的结果。

3. 合同可以是为客户提供检测和/或校准服务的任何书面的或口头的协议。

(2)应保存包括任何重大变化在内的评审的记录。在执行合同期间,就客户的要求或工作结果与客户进行讨论的有关记录,也应予以保存。

注:对例行和其他简单任务的评审,由实验室中负责合同工作的人员注明日期并加以标识(如签名缩写)即可。对于重复性的例行工作,如果客户要求不变,仅需在初期调查阶段,或在与客户的总协议下对持续进行的例行工作合同批准时进行评审。对于新的、复杂的或先进的检测和/或校准任务,则需保存较全面的记录。

(3)评审的内容应包括被实验室分包出去的所有工作。

(4)对合同的任何偏离均应通知客户。

(5)工作开始后如果需要修改合同,应重复进行同样的合同评审过程,并将所有修改内容通知所有受到影响的人员。

[条文释义与理解]

(1)实验室应建立并保持对要求、标书和合同的评审程序。"要求"指客户的要求。"标书"有"招标书"和"投标书"之分,"招标书"是招标者招标承建工程项目或采购货物与服务的文件,包括投标者需了解和遵守的规定及应提供的文件等;"投标书"是指实验室应邀做出提供满足合同要求的检测/校准服务的报盘。"合同"是指实验室和客户(委托试验者)之间以任何方式(书面的口头的)传递的、双方同意的形成民事权利义务关系的协议。合同依法成立,就具有法律效力。合同是供方经济活动的源头和依据。为了确保供方(实验室)能全面、按时履行合同,取得客户信任,供方(实验室)应制订、执行并保持对客户要求、标书和合同的评审程序。

客户是通过招标、合同草案或书面/口头方式的"订单",提出订约(要约),表明客户对合同的质量要求或其他要求,因此实验室的评审范围应包括客户要求(即客户的招标书)、投标书和合同草案、书面或口头的订单。

合同评审实际上是指合同签订前对合同草案的评审,是指实验室对客户订约提议未接受前(即签订合同、接受订单前),由实验室对标书、合同草案、书面或口头的订单草案进行系统的评审活动,以保证客户提出的质量要求及其他要求合理、明确且文件齐全,同时确定实验室有能力和资源履约。合同的事先评审程序应确保:

①客户的要求,包括所使用检测/校准方法应适当的规定并文件化,便于双方理解。

②评审实验室有能力和资源满足客户要求。这里的"能力"指实验室的综合能力,不仅包括最基本的技术服务能力,也包括质量管理的能力,甚至还包括承担相应法律责任的能力;"资源"包括必要的物质资源、信息资源、人力资源等,在评审过程中还可以包括以前参加的实验室比对或能力验证的结果和为确定测量不确定度、检出限、置信限等而使用的已知值样品或物品所做的试验性检测或校准计划的结果。

③选择适当的能满足客户要求的检测/校准方法。

通过对合同的事先评审确保客户的要求(招标书)、投标书(实验室的承诺)、合同草案之间的差异在工作开始之前得到解决,合同应被实验室和客户双方接受。对客户要求、标书和合同的评审应以实际和有效的方式进行,同时还应考虑财务、法律和时间等因素的影响,尤其是要考虑法律责任问题。为此,实验室管理者必须加强法律责任意识,必要时应聘请法律顾问。对于内部客户而言合同评审可用简化的方法进行。

(2)合同评审的记录应保存,包括任何重大变化的记录、合同执行期间与客户之间进行的关于客户要求或工作结果的相关讨论的记录等。合同评审通常分以下3种情况来考虑:

①对常规或简单工作的评审,只要实验室中负责该合同工作的人员(应授权)注明日期并加以标识(如签字)即可。

②对重复性的常规工作,如果客户要求不变,则只需在初期调查阶段或在与客户总协议项下的连续常规工作确认合同时进行评审。

③对于新的、复杂的或高要求的检测/校准工作,则需要进行复杂细致的评审,且需保存较全面完整的记录。

(3)当合同涉及分包项目时,合同评审的内容应包括被分包出去的所有工作,例如确认是否有符合条件的承包方以及该承包方是否具备接受检测/校准任务所需的能力、资源和时间等。

(4)对合同的任何偏离应通知客户。

(5)工作开始后如果需要修改合同,应重新进行合同评审,并将变更情况通知所有受到影响的人员,防止工作差错造成损失。

合同评审这个要素,本是ISO 9000质量管理体系中一个重要要素,现被实验室质量管理体系完全采纳。以前实验室不注重"检测/校准合同",只有"检测/校准委托书",但它具有"检测/校准合同(或协议书)"的性质,因此今后实验室应适当地完善"检测/校准委托书"的格式设计及其内容。设计"检测/校准合同"时应注意:

①名称要适当体现合同或协议的性质。

②合同的要素应包括技术要素、财务要素、时间要素、法律责任要素、分包要求、样品要求(包括样品的制备、安装、托运、返回、处置方式等)、保密和保护所有权的要求(有时客户申明同意放弃其中某些要求)、传送检测结果的要求、根据检测结果提供意见和解释的要求以及其他要求等。

五、检测和校准的分包

(1)实验室由于未预料的原因(如工作量、需要更多专业技术或暂时不具备能力)或持续性的原因(如通过长期分包、代理或特殊协议)需将工作分包时,应分包给合格的承包方,例如能够遵照本准则要求进行工作的承包方。

(2)实验室应将分包安排以书面形式通知客户,适当时应得到客户的准许,最好是书面的同意。

(3)实验室应就其承包方的工作对客户负责,由客户或法定管理机构指定的承包方除外。

(4)实验室应保存检测和/或校准中使用的所有承包方的注册资料,并保存其工作符合本准则的证明记录。

[条文释义与理解]

(1)实验室的分包有两种情况,第一种情况是事先未能预料的原因,例如工作量突然增加、需要另外的专门技术或本实验室暂时不具备能力；第二种情况是持续性的原因，这是事先预料的，如长期固定分包、代理或特许协议。不论哪种情况，本准则都允许分包，但要求应分包给有能力的承包方（实验室）。什么是有能力的承包方（实验室）？举例来说，就分包工作而言，符合本准则要求的实验室就是一个有能力的承包方。CNAL对实验室本身不具备技术能力而分包的检测/校准项目不予认可。

（2）实验室应将分包协议用书面形式通知客户，适当时应得到客户的同意，而且最好是客户的书面同意。对实验室来说将分包安排用书面协议通知客户是最起码要做到的要求。

（3）实验室应为分包的工作向客户承担责任，不能借口分包工作是由承包方进行的而推卸责任；若承包方是由客户或官方管理机构指定的则除外，但实验室必须保存客户或官方管理机构指定承包方的客观证据。至于实验室与承包方之间的责任、权利和义务，可以由双方通过分包合同或分包协议的形式加以界定。

（4）实验室应保存所有合格承包方的名录，以及就分包工作而言承包方符合本准则的证明记录。如果承包方获得了签署国际或区域实验室认可合作组织相互承认协议的认可机构的认可，并且认可范围包括分包项目，那么其获得认可的证书和认可范围的证明材料是较好的一种证明记录；如果承包方没有或者暂时提供不出上述证明记录，则实验室（发包方）应通过调查研究、评审等方式提供满意的证据以说明承包方是有能力的。

六、采购服务与供给

（1）实验室应有选择和购买对检测和/或校准质量有影响的服务和供应品的政策和程序，还应有与检测和校准有关的试剂和消耗材料的购买、验收和存储的程序。

（2）实验室应确保所购买的、影响检测和/或校准质量的供应品、试剂和消耗材料，只有在经检查或证实符合有关检测和/或校准方法中规定的标准规范或要求之后才投入使用。所使用的服务和供应品应符合规定的要求，应保存所采取的符合性检查活动的记录。

（3）影响实验室输出质量的物品采购文件中，应包含描述所购服务和供应品的资料。这些采购文件在发出之前，其技术内容应经过审查和批准。

注：该描述可包括形式、类别、等级、精确的标识、规格、图纸、检查说明，以及包括检测结果批准在内的其他技术资料、质量要求和进行这些工作所依据的质量管理体系标准。

（4）实验室应对影响检测和校准质量的重要消耗品、供应品和服务的供应商进行评价，并保存这些评价的记录和获批准的供应商名单。

[条文释义与理解]

（1）采购对象的第一种类型是指影响实验室检测/校准质量的"服务"，例如：

①影响检测/校准质量的校准、检定服务（这些支持服务工作可以由外部机构来完成，也可以由实验室内部来完成，当然必须具备相应的能力）。

②影响检测/校准质量的设施和环境条件的设计、制造、安装、调试服务工作。

③影响检测/校准质量的人员培训教育工作等。

采购对象的第二种类型是指影响检测/校准质量的"供给"，例如：

①检测/校准工作使用的测量器具、试验设备或辅助设备。

②检测/校准工作使用的试剂和其他消耗材料，这些物质需要不断加以补充更新，应特别注意控制其质量。

实验室检测/校准工作的质量受到诸多因素的影响，例如可以归结为人、机（仪器设备）、料(消耗性材料、试剂)、法(方法)、环(环境设施条件)、测(校准检定、测量溯源)、样品及其处置、抽样等,因此实验室应建立影响检测/校准质量的支持服务和供给的选择、采购、验收、储存的政策和控制程序。

(2)实验室应确保所采购的影响检测/校准质量的供应品、试剂和易耗品等,在使用前经过检查或以其他方式证实其符合有关检测/校准方法中规定的要求,并应保存所进行的符合性检查的记录。

(3)采购文件是表述拟采购的支持服务、供给以及试剂或其他易耗品等的资料或信息。这些采购文件中所包含的信息可包括供给或易耗品的形式、类别、等级、明确的识别、规格、图纸、检查指南以及表明检测结果可被接受的技术条件,如果是采购服务也可以提出对提供服务的人员的资格能力水平的要求,以及对提供服务或供给(含试剂和易耗品)的组织应满足的质量管理体系标准(例如符合 ISO 9000 系列质量管理体系标准)等要求。这些采购文件在发布之前,其技术内容应经过审查批准。

(4)实验室应对影响检测/校准工作质量的重要易耗品、供应品和支持服务的供应商进行评价,并保存这些评价的记录和经批准的合格供应商名录。

七、对客户的服务

实验室应与客户或其代表合作,以明确客户的要求,并在确保其他客户机密的前提下,允许客户到实验室监视与其工作有关的操作。

注:1. 这种合作可包括:允许客户或其代表合理进入实验室的相关区域直接观察为其进行的检测和/或校准,客户为验证目的所需的检测和/或校准物品的准备、包装和发送。

2. 客户非常重视与实验室保持技术方面的良好沟通并获得建议和指导,以及根据结果得出的意见和解释。实验室在整个工作过程中,宜与客户尤其是大宗业务的客户保持联系。实验室应将检测和(或)校准过程中的任何延误和主要偏离通知客户。

3. 鼓励实验室从其客户处搜集其他反馈资料(例如通过客户调查),无论是正面的还是负面的反馈,这些反馈可用于改进质量体系、检测和校准工作及对客户的服务。此外,还应考虑安全问题、检测质量。

[条文释义与理解]

实验室应与客户或客户的代表合作,通过合作可以比较全面而且深入地正确理解客户的需求,更好地满足客户的要求。这种合作包括在确保不损害其他客户机密的前提下,允许客户或其代表进入实验室的相关区域直接观察或监视与该客户所委托的检测/校准工作有关的操作,或者为客户制备、包装和分发验证所需要的样品等。

实践表明,客户非常重视与实验室保持技术方面的良好沟通,并希望从实验室方面获得建议或指导以及根据检测结果得出的意见和解释。注意这里的"意见和解释"与"检测结果"是两个不同的概念,"检测结果"应该是客观的结果,而"意见和解释"是对检测结果作出的解释、说明和建议,是作出意见和解释的人,根据他的专业知识作出的一种含有主观成分在内的解释和评价。在编写检测报告或校准证书时,必须把这两者明显地区别开来。实验室在为客户提供检测/校准服务的整个过程中,应加强与客户的联系和沟通,应将工作过程中的任何延误和主要偏离通知客户。

鼓励实验室从其客户处搜集反馈信息(例如客户调查),无论是正面的还是负面的反馈意见,对改进质量管理体系、检测/校准工作质量以及改善对客户的服务都大有帮助。本准则明确了要为客户服务,并要求实验室允许客户进入实验室监视其工作,这对实验室的"过程控制”是一种很好的质量监督，对提高实验室的水平会有促进作用。但需要强调的是，如果允许客户进入试验现场，应特别注意人身安全，确保其他客户的机密，并且不会对检测/校准产生不利影响。

实验室应建立投诉处理程序，并保存所有投诉的记录、针对投诉所开展的调查的记录和采取的纠正措施的记录。

实验室应确定投诉处理的责任部门，即确定由谁负责登记投诉、立项、报告(向谁报告)、决定开始处理、开展调查工作，必要时成立调查小组，以弄清事实真相、判断投诉是否成立。如投诉成立，应按不符合工作处理，调查确定根本原因，采取纠正措施，书面通知客户并承担赔偿损失责任等；如果投诉不成立，应向客户耐心细致解释清楚。所有投诉及所采取的处理措施均应予以记录。

八、不符合检测和/或校准工作的控制

(1)当检测和/或校准工作的任何方面，或该工作的结果不符合其程序或客户同意的要求时，实验室应实施既定的政策和程序。该政策和程序应保证：

①确定对不符合工作进行管理的责任和权力，规定被确定为不符合工作时所采取的措施(包括必要时暂停工作，扣发检测报告和校准证书)。

②对不符合工作的严重性进行评价。

③立即采取纠正措施，同时对不符合工作的可接受性作出决定。

④必要时，通知客户并取消工作。

⑤确定批准恢复工作的职责。

注：对质量体系或检测和/或校准活动的不符合工作或问题的鉴别，可能在质量体系和技术运作的各个环节进行，例如客户投诉、质量控制、仪器校准、消耗材料的核查、对员工的考察或监督、检测报告和校准证书的核查、管理评审和内部或外部审核。

(2)当评价表明不符合工作可能再度发生，或对实验室的运作对其政策和程序的符合性产生怀疑时，应立即执行本准则中规定的纠正措施程序。

[条文释义与理解]

(1)“不符合检测/校准工作”是指检测/校准工作的任一方面或该工作的结果不符合实验室的程序要求或与客户的约定要求，这与所测试的样品是合格还是不合格是两个不同的概念，不可混淆。

实验室应建立并实施不符合工作的控制程序，尽早、尽快地识别出不符合工作，这种识别可能发生在质量管理体系活动和技术工作中的各个环节，例如，日常质量监督员的监督、客户投诉、仪器校准或期间核查、易耗品检查、报告或证书的检查、内部审核、外部审核、管理评审和质量控制等。一旦不符合工作被识别出来，就要依据《不符合检测/校准工作控制程序》来解决，该控制程序应确保：

①明确不符合工作管理者及其责任和权限，规定在不符合工作发生时可以采取的行动，包括停止检测/校准工作并在必要时扣发报告或证书等，以避免问题扩大化造成严重的后果或损失。

②明确如何对不符合工作的严重性作出评价。

③立即采取纠正活动，同时对不符合工作的可接受性作出决定。

④规定必要时通知客户并取消工作的责任部门(人员)和权限。

⑤规定批准恢复工作的责任并写入岗位职责说明中。

在此应强调指出，有不符合工作发生时，不一定必须采取纠正措施，而应先进行不符合工作严重性评价。若经评价认为不符合工作仅是偶然过错，或不符合工作对实验室的运行与其本身的方针和程序的符合性没有影响等，则可能无需采取纠正措施，仅进行不符合工作纠正即可；若经评价属于本准则条款中所述情况，就必须采取纠正措施。“纠正”与“纠正措施”是两个概念，应避免混淆。

在 ISO 9000(2000 版)中，“纠正”的定义是为消除已发现的不符合所采取的措施，同时说明纠正可连同纠正措施一起实施，返工或降级可作为纠正的示例；而“纠正措施”的定义是为消除已发现的不符合或其他不期望情况的原因所采取的措施，并进一步说明一个不符合可以有若干个原因。采取纠正措施是为了防止再发生，而采取预防措施是为了防止发生，纠正和纠正措施是有区别的。

(2)在本准则第八条第(1)款中明确了应对不符合工作进行严重性评价，当评价表明不符合工作可能再度发生，或对实验室的运行与其政策和程序的符合性产生怀疑时，则应立即执行本准则第十条中规定的纠正措施程序。

从以上分析可以看出，本准则第八条不符合工作的控制程序和本准则第十条纠正措施程序是紧密相连的，在处理具体问题时往往将这两者融合在一起应用。

九、纠正措施

(1)总则。

实验室应制定政策和程序并规定相应的权力，以便在确认了不符合工作、偏离质量体系或技术运作中的政策和程序时实施纠正措施。

注：实验室质量体系或技术运作中的问题可以通过各种活动来确认，例如不符合工作的控制、内部或外部审核、管理评审、客户的反馈或员工的观察。

(2)原因分析。

纠正措施程序应从确定问题根本原因的调查开始。

注：原因分析是纠正措施程序中最关键有时也是最困难的部分。根本原因通常并不明显，因此需要仔细分析产生问题的所有潜在原因。潜在原因可包括：客户的要求、样品、样品规格、方法和程序、员工的技能和培训、消耗品、设备及其校准。

(3)纠正措施的选择和实施。

需要采取纠正措施时，实验室应确定将要采取的纠正活动，并选择和实施最能消除问题和防止问题再次发生的措施。

纠正措施应与问题的严重程度和风险大小相适应。

实验室应将纠正活动调查所要求的任何变更制定成文件并加以实施。

(4)纠正措施的监控。

实验室应对纠正措施的结果进行监控，以确保所采取的纠正措施是有效的。

(5)附加审核。

当对不符合或偏离的鉴别导致对实验室符合其政策和程序，或符合本准则产生怀疑时，实验室应尽快依据第十二条的规定，对相关活动区域进行审核。

注：附加审核常在纠正措施实施后进行，以确定纠正措施的有效性。仅在证实了问题严重或对业务有危害时，才有必要进行附加审核。

［条文释义与理解］

(1)实验室应制订纠正措施控制程序,以便在确定出现不符合工作或质量管理体系、技术操作中出现偏离政策和程序的情况下予以执行。发现(识别、鉴别)和确定不符合工作的途径或环节有很多,包括不符合工作控制、内部或外部审核、管理评审、客户反馈、监督人员报告、投诉、内部或外部试验比对、能力验证、质量控制等。

(2)"纠正措施"和"纠正"有本质的不同,必须注意区别。纠正措施程序应从调查确定问题的根本原因开始,根本原因调查分析是该程序中最关键也是最困难的部分,所以在解决比较复杂的问题时,往往需要成立一个专门小组,集中多方优势来研究、调查、分析问题产生的根本原因。原因分析工作的质量直接影响纠正措施的有效性,若没有分析发现问题的根本原因,而仅对表面原因进行了纠正,则可能无法保证消除问题并防止问题再次发生,也就达不到纠正措施的真正目的。

(3)纠正措施的方案可能有许多种,应选择其中最有可能消除问题并防止其再发生的措施。当然采取纠正措施是需要花费代价、提高成本的,所以实际采取的纠正措施的力度要与问题的严重程度以及由此问题造成的风险大小相适应,应综合全面考虑。同时应注意的是,实验室应先将欲采取的纠正措施制订成文件(按文件控制程序),而后再具体实施。

(4)实验室应对纠正措施的实施结果进行跟踪验证和监控,以确保纠正措施的有效性。

(5)当不符合或偏离的性质比较严重,导致对实验室是否符合其政策和程序产生怀疑,甚至对实验室是否符合本准则产生怀疑时,实验室应尽快根据本准则第十二条的规定,对相关活动区域进行一次附加审核。附加审核通常是在纠正措施实施后进行,目的是确定纠正措施的有效性。但应注意,只有在发现严重问题或业务风险时,才有必要进行附加审核。

十、预防措施

(1)应确定潜在不符合的原因和所需的改进,无论是技术方面的还是相关质量体系方面。如需采取预防措施,应制订、执行和监控这些措施计划,以减少类似不符合情况发生的可能性并借机改进。

(2)预防措施程序应包括措施的启动和控制,以确保其有效性。

注:1.预防措施是事先主动确定改进机会的过程,而不是对已发现问题或投诉的反应。

2.除对运作程序进行评审之外,预防措施还涉及包括趋势和风险分析以及能力验证结果在内的资料分析。

［条文释义与理解］

(1)"预防措施"在ISO 9000(2000版)中的定义是为消除潜在不符合或其他潜在的不期望情况的原因所采取的措施。由此可见,预防措施是在问题发生前主动确定改进机会并采取措施防止问题发生的过程,它与纠正措施的区别关键在于问题发生了没有,若问题已经发生了,则采取的对策就是纠正措施;若问题尚未发生,只是有这个苗头可能会发生,则采取的就是预防措施。

当然一个潜在不符合可能是由若干个原因引起的。实验室应分析确定可能存在的潜在不符合的原因,并制订所需采取的预防措施,包括检测/校准技术工作方面的,也包括质量管理体系方面的。如需采取预防措施,则应制订、实施并监控预防措施计划,目的是减少类似的不符合情况发生的可能性并充分利用改进的机会。

(2)实验室应建立预防措施控制程序,该程序应包括两个方面,一个方面是预防措施的启动或者准备，另一个方面是预防措施的实施与监控。启动阶段可以包括策划、调查研究、分析信息资料、培训教育队伍以及在此基础上制订出预防措施计划，为实施和监控工作奠定基础，从而确保预防措施的有效性。

实验室建立的预防措施控制程序应包括以下内容：

①确定实验室潜在的不符合及其原因。

②对防止潜在不符合发生的措施的需求进行评价。

③确定和实施所需的措施。

④记录采取措施的结果。

⑤对所采取的预防措施进行验证。

预防措施是事先主动的、确定改进机会的过程，而不是对已发现(出现)问题的事后反应。预防措施除了包括对原先的操作程序进行评审之外，还可能涉及数据分析，包括趋势分析、风险分析以及能力验证结果等资讯的分析。

实验室的战略目标应当是对过程进行持续改进，从而提高实验室的业绩，使相关方均受益。持续改进有两种方式：一种是以突破性项目方式出现，即对现有过程进行突破性修改和改进或实施新过程，它们可能要由日常运作之外的横向跨职能的协调小组(项目小组)来实现；另一种是以检测/校准人员对现有过程进行渐进的、持续改进的活动形式出现。实验室内工作人员是提供渐进的持续改进信息的最佳来源。实验室管理者应对持续改进过程的活动加以策划、组织和领导，对参与改进工作小组的人员应授予相应权限并在资源上充分给予支持。

十一、记录的控制

(1)总则。

①实验室应建立和维持识别、收集、索引、存取、存档、存放、维护和清理质量记录和技术记录的程序。质量记录应包括来自内部审核和管理评审的报告及纠正和预防措施的记录。

②所有记录应清晰明了，并以便于存取的方式存放和保存在具有防止损坏、变质、丢失等适宜环境的设施中，且应规定记录的保存期。

注：记录可存在于任何形式的载体上，例如硬拷贝或电子媒体。

③所有记录应予安全保护和保密。

④实验室应有程序来保护和备份以电子形式存储的记录，并防止未经授权的侵入或修改。

(2)技术记录。

①实验室应将原始观察记录、导出数据、开展跟踪审核的足够信息、校准记录、员工记录以及发出的每份检测报告或校准证书的副本按规定的时间保存。如可能，每项检测或校准的记录应包含足够的信息，以便识别不确定度的影响因素，并保证该检测或校准在尽可能接近原条件的情况下能够复现。记录应包括负责抽样的人员、从事各项检测和/或校准的人员和结果校核人员的标识。

注：1. 在某些领域，保留所有的原始观察记录也许是不可能或不实际的。

2. 技术记录是进行检验和/或校准所得数据和信息的累积，它们表明检测和/或校准是否达到了规定的质量或规定的过程参数。技术记录可包括表格、合同、工作单、工作手册、核查表、工作笔记、控制图、外部和内部的检测报告及校准证书、客户信函、文件和反馈。

②观察结果、数据和计算应在工作时予以记录，并能按照特定任务分类识别。

③当记录中出现错误时,每一错误应划改,不可擦涂掉,以免字迹模糊或消失,并将正确值填写在其旁边。对记录的所有改动应有改动人的签名或签名缩写。对电子存储的记录也应采取同等措施,以避免原始数据的丢失或改动。

[条文释义与理解]

(1)记录的定义可以表述为阐明所取得的结果或提供所完成的活动的证据的一种文件。它可用于为可追溯性提供文件和提供验证预防措施、纠正措施的证据。本准则中将记录分成两种:第一种称为质量记录,包括内部审核、管理评审、纠正措施和预防措施、人员培训教育考核、采购活动评价、质量管理体系管理等的记录;第二种称为技术记录。

记录的管理与控制应做到:

①有唯一性标识,以便识别。

②字迹清楚。

③储存保管方式应使其便于检索,并应明确可以查阅、使用的人员范围和取用手续,因为这涉及保护客户机密和所有权等问题。

④储存保管设施应环境适宜,防止损坏、变质和丢失。

⑤应明确规定记录保存期限,不同种类的记录可以有不同的保存期限,但应符合法律法规、客户、官方管理机构、认可机构以及标准规定的要求。

⑥载体可以有硬拷贝或电子媒体等不同形式。

⑦应保证安全与保密。

⑧电子方式储存的记录应有保护和备份程序,防止未经授权的侵入或修改。

⑨过了保存期的记录需要销毁时,应经过审查和批准,以免造成无可挽回的损失。

(2)什么是技术记录?原始观察记录、导出数据、进行审核跟踪的信息、校准记录、人员记录、签发的每份检测报告或校准证书的副本等都被归属于技术记录。技术记录也应保存适当的时间,实验室应对保存期限作出明确规定。每项检测/校准的记录都应包含足够的信息,这里所谓足够信息的含义是指:根据这些信息可以在最接近原来条件的情况下复现检测/校准活动,并识别出不确定度的影响因素。

技术记录应在工作的同时及时记录,并进行适当地标识以确定属于某项具体任务。当记录中出现错误时,应采用划去错误、在旁边标上正确值并由更改人签名的方法(即"杠改法"),被更改的原记录应仍清楚可见,不允许擦掉、涂掉或使之难以辨认。电子存储记录的更改也应采取相应措施,以避免原始数据丢失或改动。

数据和信息是有区别的,但在日常应用中常常会被混淆。数据是作为论据的事实、讨论的材料(资料),既可以是文字、数字或其他符号(如¥),也可以是图像、声音或味道。数据可以是由"感觉器官"接受并感觉到的一组数量、行动和目标的非随机的可鉴别的符号。"数据"好比"原料",经过处理后变成对决策或行动有价值的"成品"才称之为"信息"。信息是社会概念,它是人类共享的一切知识、学问以及客观现象经加工提炼出来的各种消息总和。信息是有意义的数据,是经过加工后对实体的行为能产生影响的数据(不符合事实的信息不仅没有价值而且还可能有负面影响)。

实验室可以根据所进行的检测、校准、抽样工作以及质量管理体系的不同要求,设计不同的质量管理记录表格和技术活动记录表格的格式。格式栏目中所要求填写的内容应满足信息足够的原则,并经审核和批准。应定期评审其必要性、充分性和可追溯性,并不断改进完善。实验室应有记录格式的控制清单,在批准启用新格式时,原有的老格式应予以废止。但应强调的是认可准则并未要求实验室必须用表格的方式控制所有记录。

十二、内部审核

(1)实验室应根据预定的日程表和程序,定期地对其活动进行内部审核,以验证其运作持续符合质量体系和本准则的要求。内部审核计划应涉及质量体系的全部要素,包括检测和/或校准活动。质量主管负责按照日程表的要求和管理层的需要策划和组织内部审核。审核应由经过培训和具备资格的人员来执行,只要资源允许,审核人员应独立于被审核的活动。

注:内部审核的周期通常为一年。

(2)当审核中发现的问题导致对运作的有效性,或对实验室检测和/或校准结果的正确性或有效性产生怀疑时,实验室应及时采取纠正措施。如果调查表明实验室的结果可能已受影响,应书面通知客户。

(3)审核活动的领域、审核发现的情况和因此采取的纠正措施,应予以记录。

(4)跟踪审核活动应验证和记录纠正措施的实施情况及有效性。

[条文释义与理解]

审核在 ISO 9000(2000 版)中的定义是为获得审核证据并对其进行客观的评价,以确定满足审核准则的程度,所进行的系统的、独立的并形成文件的过程。内部审核,也称为第一方审核,用于内部目的,由组织自己或以组织的名义进行,可作为组织自我合格声明的基础;外部审核包括第二方审核和第三方审核,第二方审核由组织的相关方(如顾客)或由其他人员以相关方的名义进行,第三方审核由外部独立的组织进行。

鉴于本书第六章对内部审核进行了专题阐述,下面仅就准则的要点略加说明。

(1)内部审核是实验室根据预定的日程和既定的程序,定期(周期通常为一年)进行的一项重要活动。

内部审核的主要目的是验证实验室的实际运作是否持续符合所建质量体系和认可准则的要求。

内部审核的范围是质量体系的全部要素以及所有部门与活动,包括检测/校准活动。

内部审核通常由质量主管负责。质量主管根据日程表和管理层的需要组织策划并形成文件,经最高管理者审批后实施。

内部审核的执行者是经过培训和具备资格的人员(一般称为内审员)。培训系指为进行内部审核而进行的必要知识的培训,并不要求指定机构的培训,但必须满足相应的要求,诸如有合适的培训大纲、教材、教师、考核方式以及确认合格的资料等。至于具备资格,首先是具备相应的能力、经验和水平,以确保能够胜任审核任务;其次是为人正直、素质较好;最后当然还要由领导委任,才能名正言顺地进行内部审核工作。

需要注意的是,只要资源允许,审核人员应独立于被审核的活动,即最好不要审核本人所从事的或有关的活动,以免不公正之嫌。

(2)内部审核中,如发现的问题导致对运作的有效性,或者对检测/校准结果的正确性或有效性产生怀疑时,应按第十条的要求采取纠正措施。如果调查表明,实验室的检测/校准结果可能受到影响,则应立即书面通知有关客户,以尽可能挽回影响、减少损失、防止进一步引起不良的后果。

(3)内部审核的全部活动都应予以记录,包括活动的领域、发现的问题以及所采取的纠正措施等。

(4)对于发现问题所采取的纠正措施应进行跟踪审核，以验证纠正措施的实施情况及有效性。跟踪审核最好由原来发现问题的审核员进行。

十三、管理评审

(1)实验室的执行管理层应根据预定的日程表和程序，定期地对实验室的质量体系和检测和/或校准活动进行评审，以确保其持续适用和有效，并进行必要的改动或改进。评审应考虑到：

①政策和程序的适用性。

②管理和监督人员的报告。

③近期内部审核的结果。

④纠正和预防措施。

⑤由外部机构进行的评审。

⑥实验室间比对或能力验证的结果。

⑦工作量和工作类型的变化。

⑧客户的反馈。

⑨投诉。

⑩其他相关因素，如质量控制活动、资源以及员工培训。

注：1. 管理评审的典型周期为12个月。

2. 评审的结果需输入实验室计划系统，并包括下年度的目标、目的和活动计划。

3. 管理评审包括对日常管理会议中有关议题的研究。

(2)应记录管理评审中发现的问题和由此采取的措施。管理层应确保这些措施在适当和约定的日程内得到实施。

[条文释义与理解]

ISO 9000(2000版)中对"评审"的定义是为确定主题事项达到规定目标的适宜性、充分性和有效性所进行的活动，评审也可以包括确定效率。示例包括管理评审、设计和开发评审、顾客要求评审和不合格评审，而对"质量管理体系评审"的描述是"最高管理者的任务之一是就质量方针和质量目标，有规则地、系统地评价质量管理体系的适宜性、充分性、有效性和效率。这种评审可包括考虑修改质量方针和质量目标的需求以响应相关方需求和期望的变化。评审包括确定采取措施的需求。审核报告与其他信息源一同用于质量管理体系的评审"。

管理评审是在综合实验室内部、外部各种信息的基础上，对质量管理体系本身所做的一种评价活动，也就是说，通过管理评审，可以得出现行的质量管理体系是否持续适应内外在变化的要求、实验室的质量方针和质量目标是否仍对实验室各项质量活动具有指导性作用的结论。

管理评审通常是在质量管理体系审核的基础上进行的。管理评审不仅要对质量管理体系有关要素进行审查，而且要对质量管理体系是否完善和持续有效、能否达到预定的质量目标、是否适应实验室内外的各种变化进行检查。

实验室的执行管理层对质量管理体系进行定期的或不定期(必要时)的管理评审，有利于质量管理体系保持持续的有效和不断改进。坚持管理评审制度是执行管理层质量意识的表现之一，也是实验室建立"活"的、动态的质量管理体系的重要手段之一。

管理评审的实施：实验室一般情况下应定期进行管理评审，典型的周期为12个月。管理评审应按规定的程序进行，做到有步骤、有计划地实施。通常可分为以下5步：

①制订管理评审计划。管理评审计划一般应包括以下几项。

评审目的:管理评审通常是为了对质量管理体系达到现行质量目标的适应性作出评价,对质量管理体系与实验室内外在变化的适应性作出评价,修改质量管理体系文件,使质量管理体系更有效地运行。明确了管理评审的目的,管理评审工作就会更有实效。

参与评审人员:以实验室的执行管理层为主,实验室各部门的管理人员和审核人员等参加管理评审。

评审时间:确定具体评审时间,发出通知,以便各有关部门做评审的准备工作。每次管理评审一般在内部审核以后进行。

评审内容:

a. 分析质量管理体系的符合性。对内部质量管理体系审核结果的分析,包括内部质量管理体系审核报告,纠正措施实施情况,内部质量管理体系审核工作的效果等;对质量管理体系等文件的分析,包括修改情况分析、补充情况分析、实施情况分析等。

b. 分析质量管理体系的有效性。包括结果质量情况,过程质量情况,质量方针是否得到有效贯彻,质量目标实现情况的分析,客户投诉是否减少或得到满意的解决,是否针对客户申诉采取了有效的纠正和预防措施等。

c. 分析质量管理体系的适应性。对于出现的新情况来说,标准是否更新,技术手段、组织机构、客户要求等是否发生变化;对于出现的新需要来说,原来的体系是否适宜而有效,是否需要补充和修改。

d. 其他需要评审的事项。重要的纠正和预防措施是否适当,是否有其他重要的纠正和预防措施要批准,对体系的修改或补充是否适当,是否有重要的修改或补充内容需要批准等。

②管理评审的准备。在管理评审的准备过程中,应针对评审的内容进行实际情况的调查了解,做到有的放矢,也可由有关责任部门准备专题文件或资料。如果可能的话,可预先将涉及评审内容的有关文件或资料分发给参加评审的人员,以便他们有充分的时间准备意见。

③管理评审的实施。由实验室执行管理者主持管理评审会议,同时各部门的负责人和有关人员参加,对评审内容展开充分的讨论和评价。可以通过集体讨论或专题研讨的评审方法,达到评审的目的和要求。也可以将评审的项目和要求列成表格,并按某一评审标准逐一评价。同时可以调阅评审有关质量管理体系文件和记录,深入现场进行必要的专题或专项核查,对必要的过程、结果和活动的质量进行核查来评审。评审后,应提交有关评审情况、结论和建议的书面报告,以便实验室执行管理层采取必要的措施。

④管理评审报告。管理评审报告应由实验室执行管理者签署,并在实验室内部公布或分发至有关部门。管理评审报告的内容一般包括以下几项。

评审概况:包括进行本次管理评审的原因、目的、内容和实际做法、参加评审的人员、评审日期等。

评审目的:对质量管理体系运行情况及效果的综合评价。

评审原因:针对实验室面临的新形势、新问题、新情况以及质量管理体系存在的问题与原因。

评审内容:关于采取纠正措施或预防措施的决定及要求。

管理评审的结论:管理评审一般应对以下三个问题作出综合性评价结论。

a. 质量管理体系各要素的评审结果。

b. 质量管理体系达到质量目标的整体效果。

c. 对质量管理体系随着新技术、质量概念、社会要求或环境条件的变化而进行修改的建议。管理评审报告、资料和记录,要形成档案,妥善保存。

⑤管理评审后的工作。管理评审工作结束后,各有关部门应具体实施管理评审中提出的纠正或预防措施,应在适当的时候组织检查其实施情况,并跟踪验证确认实施效果。

管理评审中的注意事项:

①管理评审是实验室执行管理层的重要职责。一般来说,实验室的高层管理人员都应参加管理评审,并且就各自分管的职能活动中的重大问题提出报告,共同协商解决。

②管理评审包括但不限于以下活动:

a. 评审组织结构的适应性,包括人员或其他资源的适应性。

b. 评审与本准则的符合性,以及质量管理体系实施的有效性。

c. 评审与质量方针的一致性。

d. 评审以客户反馈、内部反馈(如内部审核的结果)、工作特性、结果质量以及采取的纠正措施和预防措施为基础的信息。

③应认真计划管理评审的时间间隔,定期进行评审,以保证质量管理体系的持续适用性和有效性。

④管理评审过程、评审频次和输入取决于实验室的具体情况,典型管理评审的典型周期为12个月。

⑤管理层应在管理评审中特别注意可能引起问题的倾向,经常出现问题的区域尤其应重点考虑。所以管理评审必然是在大量数据统计分析的基础上才能进行,这与预防措施的采用可相互衔接。

⑥管理评审的依据是受益者的需要和期望,包括市场和客户需求、有关法规和标准的要求、实验室领导和全体人员的期望。

⑦管理评审可能会导致对质量管理体系较为重大的调整和改进,这些要求和措施应及时执行,任何更改的有效性都应加以评价。

⑧管理评审应形成结论,以记录的形式妥善加以保存。

(1)与内部审核相同,管理评审也要求按照预定的时间表和程序来进行,但两者的目的、组织者均不同,管理评审是为了确保质量管理体系的持续适用性和有效性并进行必要的改进,由实验室的执行管理层组织进行;而内部审核是为了证实实验室的运行持续符合质量管理体系和认可准则的要求,由质量主管组织进行。

实验室应建立管理评审程序,明确管理评审的目的、组织者、参加者和管理评审的输入等。管理评审的组织者为实验室的执行管理层,管理评审的参加者通常为实验室的各层次管理人员,包括监督人员。管理评审的输入包括方针和程序的适用性、管理和监督人员的报告、近期内部审核的结果、纠正和预防措施、外部机构的评定、实验室间比对或能力验证的结果、工作量和类型的变化、客户反馈、投诉、质量控制活动情况、资源及人员培训问题等,同时还应包括日常管理会议上的有关议题。

管理评审的典型周期为12个月,意即两次管理评审的间隔建议约为12个月。

管理评审的结果应输入到实验室的计划体系中,并且应该包括实验室下年度的目标、任务和措施计划。

(2)管理评审的结果经常涉及质量管理体系的修改和预防措施的制订,实验室管理层应确保在商定的时间内按规定进行质量管理体系的修改和预防措施的实施,以保持实验室质量管理体系的持续适用和有效,并进行必要的改进,减少不符合工作出现的可能性。

第五节　对《认可准则》中技术要素的理解

一、总则

(1)决定实验室检测和/或校准的正确性和可靠性的因素有很多,包括:

①人员。

②设施和环境条件。

③检测和校准方法及方法的确认。

④设备。

⑤测量的溯源性。

⑥抽样。

⑦检测和校准物品的处置。

(2)上述因素对总的测量不确定度的影响,在(各类)检测之间和(各类)校准之间明显不同。实验室在制订检测和校准的方法和程序、培训和考核人员、选择和校准所用设备时,应考虑到这些因素。

[条文释义与理解]

(1)决定检测/校准结果正确性和可靠性的因素有很多,至少应包括:

①人。

②机(设备)。

③料(试剂及易耗品等)。

④法(方法及其确认)。

⑤环(设施、环境条件)。

⑥测(测量溯源性)。

⑦抽样。

⑧样品。

(2)以上因素对不同的检测/校准结果的正确性和可靠性的影响程度是不同的。对某一项检测而言,设施和环境条件可能是结果准确性和可靠性最关键的影响因素;但对另一项检测而言,设施和环境条件的影响可能非常小,而抽样的代表性以及样品的处置可能变成了该项检测的最关键影响因素。所以,实验室在制订检测/校准方法和程序、培训和考核人员以及选择和校准所用的仪器设备时应考虑到这些因素,针对特定检测/校准工作的特点,分析确定其关键控制点,确保结果的准确性和可靠性。

二、人员

(1)实验室管理层应确保所有操作专门设备、从事检测和/或校准以及评价结果和签署检测报告和校准证书的人员的能力。当使用在培员工时,应对其安排适当的监督。对从事特定工作的人员,应按要求根据相应的教育、培训、经验和/或可证明的技能进行资格确认。

注1.某些技术领域(如无损检测)可能要求从事某些工作的人员持有个人资格证书,实验室有责任满足这些专门人员持证上岗的要求。人员资格证书的要求可能是法定的、特殊技术领域标准包含的,或是客户要求的。

2.对检测报告所含意见和解释负责的人员,除了具备相应的资格、培训、经验以及所进行的检测方面的足够知识外,还需具有:制造被检测物品、材料、产品等所用的相应技术知识,已使用或拟使用方法的知识,以及在使用过程中可能出现的缺陷或降级等方面的知识;法规和标准中阐明的通用要求的知识;所发现的对有关物品、材料和产品等正常使用的偏离程度的了解。

(2)实验室管理层应制订实验室人员的教育、培训和技能目标,应有确定培训需求和提供人员培训的政策和程序,培训计划应与实验室当前和预期的任务相适应。

(3)实验室应使用长期雇佣人员或签约人员。在使用签约人员和额外技术人员及关键的支持人员时,实验室应确保这些人员是胜任的且受到监督,并依据实验室的质量体系要求工作。

(4)对与检测和/或校准有关的管理人员、技术人员和关键支持人员,实验室应保留其当前工作的描述。

注:工作描述可用多种方式表达。但至少需规定以下内容:从事检测和/或校准工作方面的职责;检测和/或校准计划和结果评价方面的职责;提交意见和解释的职责;方法改进、新方法制订和确认方面的职责;所需的专业知识和经验;资格和培训计划;管理职责。

(5)管理层应授权专门人员进行特定类型的抽样、检测和/或校准、发布检测报告和校准证书、提出意见和解释以及操作特定类型的设备。实验室应保留所有技术人员(包括签约人员)的相关授权、能力、教育和专业资格、培训、技能和经验的记录,并包含授权和/或能力确认的日期。这些信息应易于获取。

[条文释义与理解]

(1)实验室管理层应确保所有人员的能力,包括操作特定设备的人员、进行检测/校准的人员、评价结果的人员以及签发报告或证书的人员,能力是指经证实的应用知识和技能的本领。

使用正在培训期内的人员时应安排有资格的人员对其进行适当的监督,需要时,对特定岗位的工作人员要进行能力确认,包括教育、培训、经验和/或实际技能等的确认,并经考核合格。

某些技术领域,如无损检测,可能要求从事特定工作的人员必须持有资格证书才能上岗,实验室有责任满足这些要求。对于人员资格证书的要求可能是法定的、特定技术领域的或者是客户提出的。

在影响实验室检测/校准工作质量的诸多因素中,人是最重要的因素,为此必须从系统的角度来加以策划和设计。应根据当前和预期要开展的检测、校准、抽样任务以及质量管理体系的要求,来识别和确定人力资源的需求。所以本要素应与"组织"、"质量体系"条款联系起来考虑,特别是在进行组织结构及岗位、部门的设计时,必须保证有足够数量(包括不同专业、不同特长)的人和足够资格的人。岗位部门设计好后要确定岗位(及部门)职责,它应覆盖所有要求的职能,因此,必须认真仔细地确定每一岗位的任职资格条件并将其文件化。

负责检测报告中的意见与解释的人员,根据所做的意见与解释的具体情况,通常应满足以下条件:具有相应的资格、培训、经验和所进行检测的令人满意的知识;所检测样品等的生产技术的有关知识;所检测样品等的使用或预期使用方法的有关知识;所检测样品等在使用过程中可能出现的缺陷或降级的有关知识;法规和标准中通用要求方面的知识;对有关样品等在正常使用时出现的偏离的严重性的了解。

(2)实验室应制订人员教育培训和技能目标,该目标是实验室总目标的一部分,应予以量化。人员培训的政策和程序中应确定人员培训需求,人员培训计划应适合于实验室现有的和预期的任务。

(3)合同制人员和额外的技术及关键支持人员的工作应受到监督,确保其具备相应能力并且其工作应符合实验室质量管理体系的要求。

(4)对与检测/校准工作有关的管理人员、技术人员和关键的支持人员,实验室应保持其现行岗位职责的描述。职责描述至少应包含以下内容:本岗位进行检测/校准的责任;策划检测/校准以及评价结果的责任;提出意见和解释的责任;进行方法改进和新方法开发及确认的责任;本岗位所需的专业知识和经验;本岗位所需的资格和培训计划;本岗位的管理责任。

(5)实验室管理层应对特定人员进行授权,这些人员包括:进行特定类型的抽样、检测/校准的人员;操作特定类型的设备的人员;签发报告和证书的人员;作出意见和解释的人员。

对特定人员的授权必须明确、具体,如授权进行某一项检测工作或操作某一台设备等。实验室应保留所有技术人员(包括合同制人员)的有关授权、能力、教育和专业资格、培训、技能和经验的记录,这些记录应便于查询并应包括进行授权和/或能力确认的日期。

三、设施和环境条件

(1)用于检测和/或校准的实验室设施,包括但不限于能源、照明和环境条件,应有助于检测和/或校准的正确实施。

实验室应确保其环境条件不会使结果无效,或对所要求的测量质量产生不良影响。在实验室固定设施以外的场所进行抽样、检测和/或校准时,应予特别注意。对影响检测和校准结果的设施和环境条件的技术要求应制订成文件。

(2)相关的规范、方法和程序有要求,或对结果的质量有影响时,实验室应监测、控制和记录环境条件。对诸如生物消毒、灰尘、电磁干扰、辐射、湿度、供电、温度、声级和振级等应予重视,使其适应于相关的技术活动。当环境条件危及到检测和/或校准的结果时,应停止检测和校准。

(3)应将不相容活动的相邻区域进行有效隔离,应采取措施以防止交叉污染。

(4)对影响检测和/或校准质量的区域的进入和使用,应加以控制。实验室应根据其特定情况确定控制的范围。

(5)采取措施确保实验室的良好内务,必要时应制订专门的程序。

[条文释义与理解]

(1)实验室应确保环境条件不会对结果造成任何不利影响,如食品实验室的环境卫生状况等应注意,以免影响结果;在实验室的固定场所以外的地方进行抽样或检测/校准时应特别注意,对可能影响结果的设施和环境的技术条件应文件化。

(2)在有关规范、方法和程序有要求时,或对结果质量有影响时,实验室应有环境条件的监控记录;在环境条件危及结果时,实验室应停止检测/校准。

(3)相邻区域的工作可能互相影响时,实验室应进行有效隔离,并且应有防止交叉污染的措施。

(4)对于进入和使用影响检测/校准质量的领域应加以控制,实验室应根据自身特点及具体情况(包括特定区域的技术要求、检测/校准标准的规定等)确定控制的范围。

(5)实验室应有良好的内务管理,若实验室未制订专门程序时,不能保持良好的内务管理,则应制订相应的专门程序。

另外,虽然在本要素中没有包括对实验室有关健康、安全和环保的设施要求,但实验室的运作要考虑有关法规和安全要求，实验室的设施和环境条件应注意满足这方面的有关规定。

实验室的设施和环境条件是非常重要的一个子系统，必须事先精心策划设计。设施和环境条件要求的识别和确定取决于：所从事的检测/校准和抽样工作所遵循的标准要求；所使用仪器设备要求的环境条件或设施；样品对环境条件的要求；检测/校准人员的健康安全需求等。

四、检测和校准方法及方法确认

(1)总则。

实验室应使用适合的方法和程序进行所有检测和/或校准，包括被检测和/或校准物品的抽样、处理、运输、存储和准备，适当时，还应包括测量不确定度的评定和分析检测和/或校准数据的统计技术。

如果缺少指导书可能影响检测和/或校准结果，实验室应具有所有相关设备的使用和操作说明书以及处置、准备检测和/或校准物品的指导书，或者二者兼有。所有与实验室工作有关的指导书、标准、手册和参考资料应保持现行有效并易于员工取阅。对检测和校准方法的偏离，仅应在该偏离已被文件规定、经技术判断、授权和客户同意的情况下才允许发生。

注：如果国际的、区域的或国家的标准，或其他公认的规范已包含了如何进行检测和/或校准的简明和足够信息，并且这些标准是可以被实验室操作人员作为公开文件使用的方式书写时，则不需再进行补充或改写为内部程序。对方法中的可选择步骤，可能有必要制订附加细则或补充文件。

(2)方法的选择。

实验室应采用满足客户需要并适用于所进行的检测和/或校准的方法，包括抽样的方法，应优先使用以国际、区域或国家标准发布的方法。实验室应确保使用标准的最新有效版本，除非该版本不适宜或不可能使用。必要时，应采用附加细则对标准加以补充，以确保应用的一致性。

当客户未指定所用方法时，实验室应选择以国际、区域或国家标准发布的，或由知名的技术组织或有关科学书籍和期刊公布的，或由设备制造商指定的方法。实验室制订的或采用的方法如能满足实验室的预期用途并经过验证，也可使用。所选用的方法应通知客户。在开始检测或校准之前，实验室应确认能够正确地运用标准方法。如果标准方法发生了变化，应重新进行确认。当认为客户提出的方法不适合或已过期时，实验室应通知客户。

(3)实验室制订的方法。

实验室为其应用而制订检测和校准方法的过程应是有计划的活动，并应指定具有足够资源的有资格的人员进行。

计划应随方法制订的进度加以更新，并确保所有有关人员之间的有效沟通。

(4)非标准方法。

当必须使用标准方法中未包含的方法时，应征得客户的同意，包括对客户要求的明确说明以及检测和/或校准的目的。所制订的方法在使用前应经适当的确认。

注：对新的检测和/或校准方法，在进行检测和/或校准之前需制成程序，程序中至少需包含下列信息。

①适当的识别。

②范围。

③被检测或校准物品类型的描述。

④被测定的参数或量和范围。

⑤装置和设备，包括技术性能要求。

⑥所需的参考标准和标准物质(参考物质)。

⑦要求的环境条件和所需的稳定周期。

⑧程序的描述,包括:物品的附加识别标志、处置、运输、存储和准备;工作开始前所进行的校核;检查设备工作是否正常,需要时,在每次使用之前对设备进行校准和调整;观察和结果的记录方法:需遵循的安全措施。

⑨接受(或拒绝)的准则和(或)要求。

⑩需记录的数据以及分析和表达的方法。

⑪不确定度或评定不确定度的程序。

(5)方法的确认。

①确认是通过核查并提供客观证据,以证实某一特定预期用途的特殊要求得到满足。

②实验室应对非标准方法、实验室设计(制订)的方法、超出其预定范围使用的标准方法、扩充和修改过的标准方法进行确认,以证实该方法适用于预期的用途。确认应尽可能全面,以满足预定用途或应用领域的需要。实验室应记录所获得的结果、使用的确认程序以及该方法是否适合预期用途的声明。

注 1. 可包括对抽样、处置和运输程序的确认。

2. 用于确定某方法性能的技术宜是下列情况之一,或是其组合:使用参考标准或标准物质(参考物质)进行校准;与其他方法所得的结果进行比较;实验室间比对;对影响结果的因素作系统性评审;根据对方法的理论原理和实践经验的科学理解,对所得结果不确定度进行的评定。

3. 当对已确认的非标准方法作某些改动时,需将这些改动的影响制订成文件,适当时需重新进行确认。

③按预期用途进行评价所确认的方法得到的值的范围和准确度,应适应客户的需求。这些值诸如:结果的不确定度、检出限、方法的选择性、线性、重复性限和/或复现性限、抵御外来影响的稳健度和/或抵御来自样品(或检测物)母体干扰的交互灵敏度。

注:1. 确认包括对要求的详细说明、方法特性量的测定、利用该方法能满足要求的核实以及有关确认的有效性的声明。

2. 在方法制订过程中,需进行定期地评审,以证实客户的需求仍能得到满足。对修订编制计划所需的要求中的任何变更,均需得到批准和授权。

3. 确认通常是成本、风险和技术可行性之间的一种平衡。许多情况下,由于缺乏信息,数值(如:准确度、检出限、选择性、线性、重复性、复现性、稳健度和交互灵敏度)的范围不确定,只能以简化的方式给出。

(6)测量不确定度的评定。

①校准实验室或进行自校准的检测实验室,对所有的校准和各种校准类型都应具有并应用评定测量不确定度的程序。

②检测实验室应具有并应用评定测量不确定度的程序。某些情况下,检测方法的性质会妨碍对测量不确定度进行严密的计量学和统计学上的有效计算。这种情况下,实验室至少应努力找出不确定度的所有分量且作出合理评定,并确保结果的表达方式不会对不确定度造成错觉。合理的评定应依据对方法性能的理解和测量范围,并利用诸如过去的经验和确认的数据。

注:1. 测量不确定度评定所需的严密程序取决于某些因素,诸如:检测方法的要求;客户的要求;据以作出满足某规范决定的窄限。

2. 某些情况下,公认的检测方法规定了测量不确定度主要来源的值的极限,并规定了计算结果的表示方式,这时,实验室只要遵守该检测方法和报告的说明,即被认为符合本款的要求。

③在评定测量不确定度时,对给定条件下的所有重要不确定度分量,均应采用适当的分析方法加以考虑。

注:1. 构成不确定度的来源包括(但不限于)所用的参考标准和标准物质(参考物质)、方法和设备、环境

条件、被检测或校准物品的性能和状态以及操作人员。

2. 在评定测量不确定度时，通常不考虑被检测和/或校准物品预计的长期性能。

3. 进一步信息参见 ISO 5725 和《测量不确定度表述指南》。

(7)数据控制。

①应对计算和数据传送进行系统和适当的检查。

②当利用计算机或自动设备对检测或校准数据进行采集、处理、记录、报告、存储或检索时，实验室应确保：

a. 由使用者开发的计算机软件应被制订成足够详细的文件，并对其适用性进行适当验证。

b. 建立并实施数据保护的程序，这些程序应包括（但不限于）数据输入或采集、数据存储、数据传输和数据处理的完整性和保密性。

c. 维护计算机和自动设备以确保其功能正常，并提供保护检测和校准数据完整性所必需的环境和运行条件。

注：通用的商业现成软件（如文字处理、数据库和统计程序），在其设计的应用范围内可认为是充分有效的，但实验室对软件的配置（或调整）需按相关条款进行确认。

[条文释义与理解]

(1)实验室应采用适合的方法和程序进行所有的检测/校准，包括样品抽取、处置、传送、储存和制备；适当时，还应包括测量不确定度的评定以及检测/校准数据分析的统计技术。实验室可以通过列表等方式，给出所有在用的检测/校准方法、规范和程序清单，包括其中引用的方法和程序，以便于控制和维护，防止使用作废版本的标准等。

如果缺少指导书可能危及检测/校准结果，则实验室应制订相应的指导书。作业指导书的第一类为相关设备的使用和操作指导书（或称为设备操作规范），第二类是样品处置、制备的作业指导书。所有的指导书、标准、手册和参考数据应保持现行有效并便于有关人员使用。

实际工作与检测/校准方法有偏离时，应将该偏离文件化，进行技术判断、批准并得到客户同意。

如果国际、区域性（例如欧洲、亚太地区等）、国家标准或其他公认规范已经包含了如何进行检测/校准的明确和足够的信息，并且这些标准或规范可以被实验室工作人员直接使用，则不必将其增补或改写转化为内部程序（或称为检测/校准细则）。但是如果有些标准不能被实验室操作人员直接使用，或者不便于理解，或者方法中有可选择的步骤等，则实验室还是有必要制订便于操作者理解和使用的检测/校准细则或补充文件、附加说明，这就是第三种类型的作业指导书。

(2)实验室应确保使用标准的最新版本，除非不适用或无法做到。必要时，应补充标准附加说明以保证标准应用的一致性。

在客户未指定检测/校准方法时，实验室可以在国际/区域性或国家标准方法、知名的技术组织或科学文献和期刊公布的方法、设备生产厂家指定的方法、实验室制订的经过确认的方法和实验室选定的经过确认的方法中选择适当的方法，但应将选用的方法通知客户。

开始检测/校准工作前，实验室应证实其能够正确执行所选用的标准方法；若所选定的方法有改变，则应重新进行证实。若客户推荐的方法不适用或已过时，实验室应通知客户。

(3)实验室自己设计开发（制订）新方法可以从以下 6 个方面考虑：

①设计开发的策划。

实验室为其自身目的而设计和开发检测/校准新方法是一个设计过程，因此需要进行策划与控制。在进行新方法设计和开发策划时，实验室应确定：

a. 设计和开发的阶段，制订里程碑式的阶段计划。

b. 适合于每个开发和设计阶段的评审和确认活动。

c. 设计开发的职责和权限。

实验室对新方法的设计开发应作为一个项目来进行管理。实验室应对参与设计和开发的不同小组之间、不同部门之间和不同单位之间的接口（包括组织接口和技术接口）进行管理，以确保相互间有效的沟通，并明确职责分工。随着设计开发的进展，在适当时，策划的输出（包括计划）应予以更新。新方法的设计开发应交给有资格能力的人员去进行，实验室领导层应保障其有足够的资源（人力资源、物质资源和必要的资金及信息资源）。

②设计开发的输入。

应确定与新方法设计要求有关的输入，并保持有关的记录。这些设计输入包括：客户明示的要求和潜在要求、检测/校准方法的目的、对新方法特性的要求（如不确定度、检测限量、方法选择性、线性、重复性、复现性、稳定性等）、适用的法律法规要求、以前类似的方法设计可提供借鉴的信息、设计开发新方法所必需的其他要求（如所需要的仪器设备、设施与环境条件、标准物质、试剂等）。

应对这些输入进行评审，以确保这些输入是充分的与适宜的。设计输入的要求应完整、清楚，避免自相矛盾。

③设计开发的输出。

设计开发的输出应以能够对设计开发输入进行验证的方式提出，并应在设计输出接受（或放行）前经过评审和批准。新方法的设计开发输出应确保：

a. 满足设计开发输入的有关要求。

b. 给出进行检测/校准工作所需的适当（足够）的信息，包括样品制备、仪器设备、标准物质、试剂、设施与环境条件等的要求。

c. 给出正常使用时所能达到的性能与指标。

d. 给出结果予以接受/拒绝的判断准则和要求。

e. 明确所需记录的数据及分析和表示方法。

f. 给出不确定度或评估测量不确定度的程序。

g. 必要时，明确有关安全措施。

④设计开发的评审。

在适当的阶段，应依据策划的安排对新方法的设计开发工作进行系统的评审，以确定设计开发的结果满足输入要求的能力，识别存在的问题并提出必要的改进措施。

评审的参加者应包括与所评审的设计开发阶段有关的职能的代表，并记录评审结果及任何必要的改进措施。

⑤设计开发的验证和确认。

为确保设计开发的输出（即所制订的新方法）满足输入的要求及已知的预期用途的需要，应依据策划的安排对设计开发进行必要的验证和确认，并记录验证和确认的结果及任何必要的改进措施。

⑥设计开发更改的控制。

应识别新方法设计开发的更改，并保持有关记录。适当时，应对设计开发的更改进行评审和确认，并在实施更改前得到批准。更改的评审结果及任何必要的改进措施均应予以记录。

(4)本条款中所述非标准方法应包括实验室制订的方法,使用非标准方法应经客户同意并应说明客户要求及检测/校准目的。实验室制订的方法在使用前应进行适当的确认。

新的非标准方法在用于检测/校准前,应制订程序,并至少包括:方法标识、范围、待测样品描述、待测参数或量值以及范围、仪器设备(包括技术操作要求)、参考标准或标准物质、环境条件和稳定期、程序描述、予以接受/拒绝的判断标准、需记录的数据和分析表示方法、不确定度或评估不确定度的程序等。

(5)需要确认的方法包括4类:实验室设计/制订的方法、实验室采用的非标准方法、超出其预定范围使用的标准方法、经过扩充和更改的标准方法。

方法确认的范围应足以满足预期用途或应用领域的需要,进行方法确认的记录应包括方法确认的结果、所用的程序和该方法是否适合于预期用途的声明。确认可能包括样品的抽取、处置和传送程序。若对已确认的方法进行了更改,则应将该更改的影响文件化,适当时应重新进行确认。

方法确认包括:

①详细说明有关要求(指被确认的方法应满足的某一具体预期用途的特定要求)。

②确定检测/校准方法的特性。

③检查核实使用该方法能够满足有关要求。

④声明有效性。

方法确认是成本、风险和技术可行性之间的一种平衡。实验室应根据方法的理论基础、技术要求、客户要求、业务风险等因素进行综合考虑,确定方法确认的程序和具体要求。

用于确定方法性能的技术包括:

a. 使用参考标准或标准物质进行校准。

b. 与其他方法所得的结果进行比较。

c. 实验室间比对。

d. 对影响结果的因素作系统性评价。

e. 根据对方法理论原理的科学理解和实践经验,对所得结果不确定度进行评估。

对方法的预期用途进行评价时,由经过确认的方法所得数据的范围和准确度,如结果不确定度、检测限量、方法选择性、线性、重复性和复现性的极限值、抗外界影响的稳健性和/或抗样品基体干扰的交互灵敏度,应满足客户需要。在不同的专业技术行业,检测限量、线性等概念定义可能是不同的。

(6)测量不确定度的评估。

校准实验室和进行自校准的检测实验室对所有校准项目都必须建立并实施测量不确定度的评估程序。

检测实验室也必须建立并实施测量不确定度的评估程序。但由于检测方法的特性而无法进行测量不确定度的计算时,至少应尝试确定不确定度的所有分量并作出合理评估,并确保结果的报告形式不会造成对不确定度的错觉。

不确定度的合理评估应建立在方法操作知识和测量范围的基础上,并且在进行不确定度的评估时,应将给定情况下的所有重要不确定度分量考虑在内。

(7)数据控制。

实验室应对所有的计算和数据传输过程(包括人工手动操作的和使用计算机或自动化设备的数据传输)进行适当的系统性检查。

当利用计算机或自动化设备对检测/校准数据进行采集、处理、记录、报告、存储或检索时，实验室应确保：

①由使用者自行研制开发的计算机软件应足够详细地文件化，并对其适用性进行适当的确认，确认只需表明满足使用要求即可。

②建立并实施数据保护程序，包括(但不限于)数据的输入或采集、数据存储、数据传输和数据处理的完整性和保密性。

③维护计算机和自动化设备以确保其正常运作，并提供保护检测/校准数据完整性所必需的环境与操作条件。

商品化的现行软件(如文字处理、数据库和统计程序)，在其设计的应用范围内使用可以认为已经过充分确认，但实验室的软件配置和修改则需进行确认。

五、设备

(1)实验室应配备正确进行检测和/或校准(包括抽样、物品制备、数据处理与分析)所要求的所有抽样、测量和检测设备。当实验室需要使用固定控制之外的设备时，应确保满足本准则的要求。

(2)用于检测、校准和抽样的设备及其软件应达到要求的准确度，并符合检测和/或校准相应的规范要求。对结果有重要影响的仪器的关键量或值，应制订校准计划。设备(包括用于抽样的设备)在投入工作前应进行校准或核查，以证实其能够满足实验室的规范要求和相应的标准规范。设备在使用前应进行核查和/或校准。

(3)设备应由经过授权的人员操作。设备使用和维护的最新版说明书(包括设备制造商提供的有关手册)应便于有关人员取用。

(4)用于检测和校准并对结果有影响的每一设备及其软件，如可能，均应加以唯一性标识。

(5)应保存对检测和/或校准具有重要影响的每一设备及其软件的记录。该记录至少应包括：

①设备及其软件的识别。

②制造商名称、型号标识、系列号或其他唯一性标识。

③对设备是否符合规范的核查。

④当前的处所(如果适用)。

⑤制造商的说明书(如果有)，或其存放地点。

⑥所有校准报告和证书的日期、结果及复印件，设备调整、验收准则和下次校准的预定日期。

⑦设备维护计划，以及已进行的维护(适当时)。

⑧设备的任何损坏、故障、改装或修理。

(6)实验室应具有安全处置、运输、存放、使用和有计划维护测量设备的程序，以确保其功能正常并防止污染或性能退化。

注：在实验室固定场所外使用测量设备进行检测、校准或抽样时，可能需要附加的程序。

(7)曾经过载或处置不当、给出可疑结果，或已显示出缺陷、超出规定限度的设备，均应停止使用。这些设备应予隔离以防误用，或加贴标签、标记以清晰表明该设备已停用，直至修复并通过校准或检测表明能正常工作为止。实验室应核查这些缺陷或偏离规定极限对先前的检测和/或校准的影响,并执行“不合格工作控制”程序。

(8) 实验室控制下的需校准的所有设备,只要可行,应使用标签、编码或其他标识表明其校准状态,包括上次校准的日期、再校准或失效日期。

(9)无论什么原因,若设备脱离了实验室的直接控制,实验室应确保该设备返回后,在使用前对其功能和校准状态进行核查并能显示满意结果。

(10)当需要利用期间核查以维持设备校准状态的可信度时,应按照规定的程序进行。

(11)当校准产生了一组修正因子时,实验室应有程序确保其所有备份(例如计算机软件中的备份)得到正确更新。

(12)检测和校准设备包括硬件和软件应得到保护,以避免发生致使检测和/或校准结果失效的调整。

[**条文释义与理解**]

(1)实验室应配备正确进行检测/校准(包括抽样、样品制备、数据处理和分析)所需的全部设备。如果需要使用实验室永久控制范围以外的设备,如租借设备等,必须有充足的客观证据证明本准则的要求得到满足,包括校准检定、使用前检查、标识、记录、安全处置、运输、储存、使用和计划维护等方面的规定。

(2)实验室所用抽样、检测/校准设备及其软件均应达到所需的准确度并符合相应检测/校准规范的要求,同时,应制订对结果有重要影响的仪器关键参数或关键值的校准计划,并在使用前进行校准或检查以证实其满足要求。

(3)所有设备均应由授权人员操作,设备使用和维护说明书应方便有关人员使用。

(4)如可能的话,用于检测、校准和抽样并对结果有重要意义的每一台设备及其软件,均应进行唯一性标识。注意此唯一性标识与校准状态标识是不同的。

(5)根据实验室具体的检测/校准情况确定有重要意义的设备及其软件,并保存其记录。应注意有重要意义的设备不能仅仅从设备价值上体现,而且应以该设备对检测/校准结果的影响来判断。设备记录应包括本条款要求的必备内容。

(6)实验室应建立测量设备的安全处置、运输、储存、使用和计划维护程序,以确保其功能正常并防止污染、性能退化或损坏。在实验室固定场所以外的地方使用测量设备进行检测、校准或抽样时,可能需要制订附加的程序,或在原有的设备管理程序中增加有关规定。

(7)发现设备出现过载、错误操作、显示结果可疑、显示有缺陷或超出规定极限时,应停止使用、单独放置以防误用或加贴明显停用标记。实验室应检查缺陷或偏离极限对以前的检测/校准的影响,同时执行“不符合工作控制”程序。

(8)实验室控制中的需要校准的所有设备,只要可行,都应使用标签、编码或其他标识标明其校准状态(校准状态标识),其中应包括上次校准日期和下次校准日期或校准有效期。

(9)无论什么原因,若设备脱离了实验室的直接控制,如借出、搬动转移、送修等,实验室应确保该设备返回后,对其功能和校准状态进行检查,确定显示满意的结果后再恢复使用。

(10)当需要利用“期间核查”(Intermediate Checks)以保持对设备校准状态的可信度,则这种期间核查应按规定的程序进行。就是说应针对具体的设备分别规定期间核查程序,可以写入检测/校准方法或程序中,或写入操作规程中,也可以写入补充细则中,形式不限,但是必须规定程序,而且程序要文件化,以便实施和检查。

(11)当校准产生了一组修正因子时,实验室应有程序确保其所有备份(例如计算机软件中的备份)得到正确更新。设备校准时产生的修正因子,应在设备使用过程中随时加以考虑。

有的实验室在设备校准时要求非常严格,修正因子都找出来了,但找出来之后就不管了,疏忽了对其使用和备份的更新。

(12)在设备(包括硬件和软件)已经安装、调试、校准或检查后,应采取良好保护措施,防止发生可能致使检测/校准结果失效的"未经授权的调整"。

六、测量溯源性

(1)总则。

用于检测和/或校准的对检测、校准和抽样结果的准确性或有效性有显著影响的所有设备,包括辅助测量设备(例如用于测量环境条件的设备),在投入使用前应进行校准。实验室应制订设备校准的计划和程序。

注:该计划宜包含一个对测量标准、用作测量标准的标准物质(参考物质)以及用于检测和校准的测量与检测设备进行选择、使用、校准、核查、控制和维护的系统。

(2)特定要求。

①校准。

a. 对于校准实验室,设备校准计划的制订和实施应确保实验室所进行的校准和测量可溯源到国际单位制(SI)。

校准实验室通过不间断的校准链或比较链与相应测量的 SI 单位基准相连接,以建立测量标准和测量仪器对 SI 的溯源性。对 SI 的链接可以通过参比国家测量标准来达到。国家测量标准可以是基准,它们是 SI 单位的原级实现,或是以基本物理常量为根据的 SI 单位约定的表达式,或是由其他国家计量院所校准的次级标准。当使用外部校准服务时,应使用能够证明资格、测量能力和溯源性的实验室的校准服务,以保证测量的溯源性。由这些实验室发布的校准证书应有包括测量不确定度和/或符合确定的计量规范声明的测量结果。

注:1. 满足本准则要求的校准实验室即被认为是有资格的。由依据本准则认可的校准实验室发布的带有认可机构标志的校准证书,对相关校准来说,是所报告校准数据溯源性的充分证明。

2. 对测量 SI 单位的溯源可以通过参比适当的基准(见 VIM:1993.6.4),或参比一个自然常数来达到,用相对 SI 单位表示的该常数的值是已知的,并由国际计量大会(CGPM)和国际计量委员会(CIPM)推荐。

3. 持有自己的基准或基于基本物理常量的 SI 单位表达式的校准实验室,只有在将这些标准直接或间接地与国家计量院的类似标准进行比对之后,方能宣称溯源到 SI 单位制。

4. "确定的计量规范"是指在校准证书中必须清楚表明该测量已与何种规范进行过比对,这可以通过在证书中包含该规范或明确指出已参照了该规范来达到。

5. 当"国际标准"和"国家标准"与溯源性关联使用时,则是假定这些标准满足了实现 SI 单位基准的性能。

6. 对国家测量标准的溯源不要求必须使用实验室所在国的国家计量院。

7. 如果校准实验室希望或需要溯源到本国以外的其他国家计量院,宜选择直接参与或通过区域组织积极参与国际计量局(BIPM)活动的国家计量院。

8. 不间断的校准或比较链,可以通过不同的、能证明溯源性的实验室经过若干步骤来实现。

b. 某些校准目前尚不能严格按照 SI 单位进行,这种情况下,校准应通过建立对适当测量标准的溯源来提供测量的可信度,例如:使用有资格的供应者提供的有证标准物质(参考物质)来给出材料可靠的物理或化学特性;使用规定的方法或被有关各方接受并且描述清晰的协议标准。可能时,要求参加适当的实验室间比对计划。

②检测。

a. 对检测实验室中给出的要求适用于测量设备和具有测量功能的检测设备，除非已经证实校准带来的贡献对检测结果总的不确定度几乎没有影响，否则，实验室应保证所用设备能够提供所需的测量不确定度。

注：对标准的遵循程度取决于校准的不确定度对总的不确定度的相对贡献。如果校准是主导因素，则需严格遵循该要求。

b. 测量无法溯源到 SI 单位或与之无关时，与对校准实验室的要求一样，要求测量能够溯源到诸如有证标准物质（参考物质）、约定的方法和/或协议标准。

（3）参考标准和标准物质（参考物质）。

①参考标准。

实验室应有校准其参考标准的计划和程序。参考标准应由校准条款中所述的能够提供溯源的机构进行校准。实验室持有的测量参考标准应仅用于校准而不用于其他目的，除非能证明作为参考标准的性能不会失效。参考标准在任何调整之前和之后均应校准。

②标准物质（参考物质）。

可能时，标准物质（参考物质）应溯源到 SI 测量单位或有证标准物质（参考物质）。只要技术和经济条件允许，应对内部标准物质（参考物质）进行核查。

③期间核查。

应根据规定的程序和日程对参考标准、基准、传递标准或工作标准以及标准物质（参考物质）进行核查，以保持其校准状态的置信度。

④运输和储存。

实验室应有程序来安全处置、运输、存储和使用参考标准和标准物质（参考物质），以防止污染或损坏，确保其完整性。

注：当参考标准和标准物质（参考物质）用于实验室固定场所以外的检测、校准或抽样时，也许有必要制订附加的程序。

［条文释义与理解］

（1）总则。

实验室用于检测/校准的对检测、校准或抽样结果的准确性或有效性有重要影响的设备，包括辅助测量设备（例如用于测量环境条件的设备）在内，在投入使用前均应进行校准，实验室应制订设备校准计划和程序。

本条款规定与本准则中“对结果有重要影响的仪器的关键量或值，应制订校准计划”是一致的。本准则特别强调指出设备也包括辅助测量设备，只要对检测、校准或抽样结果的准确性或有效性有重要影响，就必须在投入使用前进行校准。

“校准计划”应包括对测量标准（器）、用作测量标准的标准物质以及用于检测/校准的测量和检测设备的选择、使用、校准、检查、控制和维护等的一整套体系。显然，校准计划应从设备选择源头抓起，应从设备选择起便考虑如何才能满足检测/校准测量不确定度的需要，包括控制使用环境、校准周期、期间核查、授权使用、正常维护等一整套控制措施，确保设备能很好地满足测量要求。制订设备校准计划时，要考虑确保溯源性。为此，实验室在自身承检项目的测量范围及相应的测量不确定度的基础上，应以清晰的文字描述和简明的量值溯源图表清楚地表明其量值的溯源情况。当溯源到国际单位制（SI）基准或国家标准时，可参照我国正式公布的相应的计量检定系统表，并结合自身检测需要，标明其需要校准链中上一级校准的测量范围和对应的测量不确定度。

确保测量溯源性，使实验室进行的检测/校准可溯源到国际单位制（SI）基准或国际公认的测量标准，这是实验室检测/校准的结果能被世界各国所接受的前提。实验室通过不间断的校准链或比较链使其检测/校准结果跟上述“基准”或“标准”连接起来的特性称为“测量溯源性”。

“校准链”应具有规定的测量不确定度。通常要求校准结果的不确定度只能占被校准器具允差的1/3～1/5，具体可参阅我国计量部门正式公布的“计量器具检定系统框图”，依据“校准链”可以溯源到国家计量基准。

“比较链”应考虑通过一系列比较，将测量结果链接到国际基准或公认标准。但每进行一次比较都会增加测量不确定度；实验室必须保证直至链接到国际基准时，其测量不确定度仍能满足使用要求。为此，实验室应制订设备校准计划和程序，保证凡是对检测、校准和抽样结果的准确性或有效性有显著影响的用于检测/校准的设备，包括辅助测量设备，在投入使用前均应进行校准。校准计划和程序应通盘考虑，从选购仪器设备、购置计量参考标准和标准物质时就应计划好它应有的准确度，确保它经正确校准后的测量不确定度仍能满足实验室检测/校准工作的要求。例如，当确认六位半数字电压表不能满足本实验室校准和检测工作需要时，实验室就应该选购七位半的数字电压表；又如长度室因校准工作需要，打算建立二等量块作计量参考标准时，它就必须选购零级量块才能满足校准条件的要求，如果这时实验室只买了一盒一级量块，则无法按二等标准量块进行校准。

校准计划还应考虑到不同仪器应有不同的校准周期，一部分可以自校，一部分可以使用外部校准。当进行自校准时，应符合国家有关的规定，并能证实其具备从事校准的能力。自校准的方法必须形成文件并经过评审和确认，校准结果必须予以记录，校准人员应经过必要的培训，并获得相应的资格。

必要时，校准计划应包括对那些不太稳定的、容易产生漂移的，或者因出现过载可能造成损坏的，或者单纯靠周期校准尚不能保证其在校准有效期内能维持正确可靠的仪器设备、计量参考标准或标准物质实施“期间核查”，定期核查其可靠性，以保持对其校准状态的可信度。校准计划还应包括对某些关键仪器设备实行专人专用或控制使用的规定，以及对所有的设备进行正常的维护，以确保其满足准确度要求。

（2）特定要求。

①校准。

a. 对于校准实验室来说，它的设备校准计划的制订和实施应确保实验室所进行的校准和测量可溯源到国际单位制（SI）基准或国家测量标准。国家测量标准，可以是实物基准，也可能是以基本物理常数为根据的表达式，或者由其他国家计量院校准过的次级测量标准。对国家测量标准的溯源不要求必须溯源至实验室所在国的国家计量院，其他国家计量院只要直接参与或通过区域性组织参与国际计量局（BIPM）实验室比对活动，确保量值一致，也可予以溯源。对于溯源性，不要求一级一级地溯源，实验室可以越级溯源。

在我国也可以参照计量行政部门正式颁布的“×××计量器具检定系统框图”，按照仪器设备的测量范围及测量不确定度要求，正确地选择可靠的校准部门，通过合理的溯源途径，满足测量溯源性要求。

使用外部校准服务时，所选择的校准部门必须是被证明有资格的（如已通过CNAL实验室认可的校准实验室，或已通过国家计量行政部门“建标考核”的检定机构）、测量能力可以保证其测量不确定度能够满足仪器使用要求的，并且是能证明其测量结果溯源性的。由这些校准部门出具的校准证书必须给出测量结果及其测量不确定度和/或符合确定的计量规范的声明。满足本准则要求的校准实验室即被认为是有资格的,由依据本准则认可的校准实验室出具的带有认可机构标志的校准证书,就是所报告校准数据溯源性的充分证明。

所谓溯源到以基本物理常数为根据的表达式,是近代科技成果的一种体现。例如,长度(z)的 SI 单位米就是以基本物理常数 c(真空中的光速)为根据的表达式 $z = ct$(t 为时间间隔)而建立的长度测量基准。

对于持有自己的基准或基于物理常数的"基准"(用 SI 单位表达)的校准实验室,只有与国家计量院的类似标准进行过比对以后,方能宣称溯源到 SI 单位;确定的计量规范是指已文件化了的明确的某个计量规范;当"国际标准"和"国家标准"用在与溯源性有关时,则假定这些标准("国际标准"或"国家标准")已满足实现 SI 单位基准的性能;如果校准实验室希望或需要溯源到本国以外其他国家计量院,宜选择直接参与或通过区域组织积极参与国际计量局(BIPM)活动的国家计量院;不间断的校准链或比较链,可以通过由不同的能证明其溯源性的实验室经过若干个步骤来实现。

b. 某些校准目前尚不能严格按 SI 单位进行溯源,在这种情况下,校准应通过证实对适当的测量标准的可追溯性来提供测量的可信度。例如,使用有资格的供应商提供的能结合可靠的物理或化学特性的有证标准物质;使用描述清晰并被各有关方接受的规定方法和(或)标准;可能时,要求参加适当的实验室间的比对。长度校准项目中的粗糙度,力学校准项目中的硬度,以及某些标准物质等,目前都不能严格地直接溯源到国际单位制(SI)基准。

例如金属洛氏硬度 HR 目前尚不能严格溯源到国际单位制(SI),它的测量溯源性是依据已经被世界各国同行接纳的规定的测量方法,使用一定直径的测球,垂直方向加一定压力,在磨平、抛光后的金属表面上压出一定直径压痕,经过有关各方商定后,约定它的 HR 值。

当校准/检测不能溯源到国家测量标准时,实验室必须明确自身校准/检测的可追溯性的依据和出处,将申述和分析的文字及收集到的有关证明材料归档,并努力提供参加实验室之间比对的结果作为佐证。如果溯源到有证标准物质,则要收集并保存提供者的资质证明及其校准证书;如果追溯到某种规定方法和公认标准,则必须指出其出处,明确是国际、国内标准或法规的规定,或是国家计量检定规程中的量值传递表,或是国际同行或国内同行间的一种约定,或是有关各方的一种约定,或是国内外某研究所研究报告、文献、教科书,或是国内外某领先企业提供的检测方法或仪器使用说明书。无论采用了上述方法中的哪一种,都应积极主动地参加实验室之间比对,以求得一个大家都能接受的合群的结果。

由于经有关各方商量约定的结果,往往是某种协商、包容、妥协的结果,需要各方测量结果尽可能"合群",以便于有关各方都能接受。因此,此类校准只要有可能,就应参加适当的实验室间的比对试验,以便及时地发现自己的测量结果是否"离群",一旦"离群",其测量结果将不被大家所接受。

②检测。

a. 对于检测实验室而言,本准则中的条款对校准实验室的原则要求适用于测量设备和具有测量功能的检测设备,除非已经确定校准所产生的不确定度贡献对检测结果总不确定度的影响很小。也就是说,如果设备校准的不确定度对检测结果的总不确定度的相对贡献较大甚至占主导地位,这种情况下,检测实验室必须确保所用的具有测量功能的测量和检测设备能够按照本准则条款的要求进行溯源。所谓具有测量功能的检测设备是指虽然不能像测量设备那样给出被测对象的量值,但对测量却有一定的作用,甚至可作为某种判断的参考或依据,如表示两作用量相等(不涉及具体值)的指零仪、平衡指示器等。

b.在检测实验室中,当对(SI)国际单位制的测量溯源性不可行和/或不相关时,与对校准实验室的要求类似,也要求测量能够追溯到有证标准物质或有关各方接受的方法论认标准,或者进行实验室之间的比对。例如钢铁中各种成分的标准样块,可以是各有关方面(或国际)约定的方法和(或)协议标准;再如布料的耐磨性检测中规定用多少粒度的砂轮,在多大重力的压力下来回摩擦,并约定多少次不能被磨破为合格,否则为不合格。

(3)参考标准和标准物质。

①实验室应有其参考标准的校准计划和程序。参考标准是实验室建立量值溯源的重要实物标准,必须有计划、有程序地对其进行管理。参考标准的校准应选择有资格、有测量能力并能提供量值溯源的机构来完成。

测量参考标准一般只用于校准而不能用于其他目的,除非能够证明其作为参考标准的性能不会失效,因为一旦参考标准失效(失准)将会影响一系列量值溯源的可靠性和准确性。

②标准物质也是实验室实施量值溯源的重要实物标准,实验室必须有计划和文件化的规定对其进行管理。可能时,标准物质应溯源到SI单位或有证标准物质。只要技术和经济条件允许,应对内部标准物质进行核查。

③应根据规定的程序和计划对参考标准、基准、传递标准、工作标准和标准物质进行检查,以保持对其校准状态的可信度。

按计量器具检定系统框图,校准准确度要求一般按下列顺序递降:基准→工作标准→传递标准→一般实验室的参考标准。

④实验室应有程序来安全处置、运输、储存、使用参考标准和标准物质,以防止污染或损坏,确保其完整性。当参考标准和标准物质在实验室固定场所以外的地方用于检测、校准或抽样时,可能有必要制订附加程序。

七、抽样

(1)实验室为后续检测或校准而对物质、材料或产品进行抽样时,应有用于抽样的抽样计划和程序。抽样计划和程序在抽样的地点应能够得到,只要合理,抽样计划应根据适当的统计方法制订。抽样过程应注意需要控制的因素,以确保检测和校准结果的有效性。

注:1.抽样是取出物质、材料或产品的一部分作为其整体的代表性样品进行检测或校准的一种规定程序。抽样也可能是由检测或校准该物质、材料或产品的相关规范要求的。某些情况下(如法医分析),样品可能不具备代表性,而是由其可获性所决定。

2.抽样程序宜对取自某个物质、材料或产品的一个或多个样品的选择、抽样计划、提取和制备进行描述,以提供所需的信息。

(2)当客户对文件规定的抽样程序有偏离、添加或删节的要求时,应详细记录这些要求和相关的抽样资料,并记入包含检测和/或校准结果的所有文件中,同时告知相关人员。

(3)当抽样作为检测或校准工作的一部分时,实验室应有程序记录与抽样有关的资料和操作。这些记录应包括所用的抽样程序、抽样人的识别、环境条件(如果相关)、必要时有抽样地点的图示或其他等效方法,如果合适,还应包括抽样程序所依据的统计方法。

[条文释义与理解]

(1)抽样是抽取物质、材料或产品的一部分,作为其整体的代表性样品来进行检测/校准的一种规定程序。抽样也可能是由检测/校准某物质、材料或产品的相应的规范所要求的。在某些情况下,例如法医分析,样品可能不具备代表性,而是由实际可获得性所决定的。抽样程序应描述物质、材料或产品的样品选择、抽样计划、样品抽取和制备,以提供所需的信息。

抽样是整个检测/校准过程众多环节中的重要一环,也可能是构成检测/校准测量总不确定度中的一个重要分量。实验室应努力分析抽样对测量总不确定度的贡献大小,重视抽样工作并确保其由适当的技术人员依据已经批准的抽样程序和抽样计划来进行。

(2)当客户对文件化规定的抽样程序有偏离、增补或删改的要求时,应详细记录这些要求和相关的抽样资料,并记入包含检测/校准结果的所有文件中,同时要通知有关人员。

(3)当抽样作为检测/校准工作的一部分时,实验室应有与抽样有关的数据和操作的记录程序。抽样记录应包括所用的抽样程序、抽样人的识别、环境条件(若有关的话),必要时还应有标明抽样地点的图表和抽样程序所依据的统计方法。

若实验室不从事抽样活动,或者实验室不直接负责抽样,或者不能保证从批量产品中抽取的样品真正有代表性,实验室可以考虑在检测报告或校准证书上声明"本结果仅与所收到的样品有关",一方面保护自己,另一方面也向社会及客户表明客观事实情况,防止结果的误用。

八、检测和校准样品的处置

(1)实验室应有用于检测和/或校准物品的运输、接收、处置、保护、存储、保留和/或清理的程序,包括为保护检测和/或校准物品的完整性以及实验室与客户利益所需的全部条款。

(2)实验室应具有检测和/或校准物品的标识系统,物品在实验室的整个期间应保留该标识。标识系统的设计和使用应确保物品不会在实物上或在涉及的记录和其他文件中混淆。如果合适,标识系统应包含物品群组的细分和物品在实验室内外部的传递。

(3)在接收检测或校准物品时,应记录异常情况或对检测或校准方法中所述正常(或规定)条件的偏离。当对物品是否适合于检测或校准存有疑问,或当物品不符合所提供的描述,或对所要求的检测或校准规定得不够详尽时,实验室应在开始工作之前问询客户,以得到进一步的说明,并记录下讨论的内容。

(4)实验室应有程序和适当的设施避免检测或校准物品在存储、处置和准备过程中发生退化、丢失或损坏。应遵守随物品提供的处理说明。当物品需要被存放或在规定的环境条件下养护时,应维持、监控和记录这些条件。当一个检测或校准物品或其一部分需要安全保护时,实验室应对存放和安全作出安排,以保护该物品或其有关部分的状态和完整性。

注:1. 在检测之后要重新投入使用的检测物品,需特别注意确保物品的处置、检测或存储(或待检)过程中不被破坏或损伤。

2. 需向负责抽样和运输样品的人员提供有关样品存储和运输的信息,包括影响检测或校准结果的抽样要求的信息。

3. 维护检测或校准样品安全的原由可能出自记录、安全或价值的原因,或是为了日后进行补充的检测和/或校准。

[条文释义与理解]

(1)实验室应有检测/校准样品的运输、接收、处置、保护、储存、保管和/或弃置的控制程序,该程序中应包括保护样品完整性以及实验室与客户利益所需的所有必要规定。

(2)实验室应建立样品的标识系统,样品在实验室内的整个期间均要保留该标识,该系统的建立与实施应确保样品在实物上、实际工作中、记录中或其他文件中被提及时不会发生混淆。适用时,样品标识系统还应包括样品的进一步细分,即从大样进一步细分成子样,确保样品在实验室内部甚至外部的流转过程中，不发生任何混淆。

(3)在接收样品时，应记录异常情况或偏离。异常情况是相对于检测/校准方法中所规定的正常情况而言的，偏离是相对于方法中的规定状态而言的，有时也可记录为“符合检测/校准方法规定的要求”。当对样品是否适合于检测/校准存有疑问时，或者样品与所提供的说明不相符时，或者对所要求的检测/校准规定不够详细时，实验室应在检测/校准工作开始之前询问客户，要求进一步做出说明并记录讨论的内容。

(4)实验室应有程序和适当的设施以防止样品在储存、处置和制备过程中发生退化、变质、丢失或损坏。如果样品或其一部分需要妥善保存，实验室应有储存和安全措施，以保护该样品或其有关部分的状态和完整性。样品妥善保存的理由可能是出于记录、安全、价值或为了日后进行补充的检测/校准等方面的考虑。对在检测之后还要恢复使用的样品，需特别注意确保样品在处置、检测、储存过程中不被破坏或损伤。应向负责抽取和运输样品的人员提供“抽样程序”和样品储存、运输要求等有关信息资料，包括影响检测/校准结果的抽样控制因素等信息。

九、检测和校准结果的质量保证

实验室应有质量控制程序以监控检测和校准的有效性。所得数据的记录方式应便于可发现其发展趋势，如可行，应采用统计技术对结果进行审查。这种监控应有计划并加以评审，可包括(但不限于)下列内容：

①定期使用有证标准物质(参考物质)和/或次级标准物质(参考物质)进行内部质量控制。

②参加实验室间的比对或能力验证计划。

③利用相同或不同方法进行重复检测或校准。

④对存留物品进行再检测或再校准。

⑤分析一个物品不同特性结果的相关性。

注：选用的方法需与所进行工作的类型和工作量相适应。

[条文释义与理解]

如果我们把实验室的“产品”看作是“检测/校准结果数据”，“结果数据”经过处理包装，最后成了“报告或证书”，则在整个生产制造“结果数据”的全过程中需要监控的环节可归纳为以下26个方面：

a. 质量监督员的充分监督；

b. 要求、标书和合同的评审；

c. 采购服务与供给的控制；

d. 对客户的服务；

e. 不符合检测/校准工作的控制；

f. 纠正措施；

g. 预防措施；

h. 技术记录；

i. 内部审核；

j. 管理评审；

k. 对培训中人员的监督；

l. 对合同制人员和另外的技术及关键支持人员的监督；

m. 监测、控制和记录环境条件；

n. 在开始检测/校准前，实验室应证实其能够正确执行标准方法；

o. 实验室制订的方法在使用之前应经适当确认；

p. 对非标准方法的确认；

q. 计算和数据的传输应经过适当的系统性检查；

r. 计算机作为数据采集、存储、处理系统时，应进行适当的确认；

s. 仪器设备在投入使用前和每次使用前的检查或校准；

t. 必要时对设备的校准状态的可信度进行期间核查；

u. 对检测/校准结果有重要影响的所有设备，包括辅助测量设备，在投入使用前应进行校准；

v. 参考标准、标准物质等的期间核查；

w. 应注意抽样过程中需控制的因素以确保检测/校准结果有效性；

x. 样品管理程序对样品的控制要求；

y. 要求有质量控制程序监控检测/校准结果的有效性；

z. 结果报告的质量控制要求。

回顾一下质量控制与质量保证的意义，区别两者的异同是非常重要的。质量控制和质量保证都是质量管理的一部分，质量控制致力于满足质量要求，目的在于监视过程并排除质量环的所有阶段中导致不符合、不满意的原因以取得经济效益。质量保证是指为了提供足够的信任表明实体能够满足质量要求，而在质量管理体系中实施并根据需要进行证实的全部有计划和有系统的活动。质量保证有内部和外部两种目的，内部质量保证是实验室向其管理者提供信任，外部质量保证是实验室向客户提供信任。质量控制和质量保证的某些活动是相互关联的，很难绝对地分开。本准则的所有要素，构成了一个质量保证体系。质量控制主要是监视控制全过程并识别不合格或不满意结果，可以用“核查”来高度概括。

必须强调指出，核查中所得数据的记录方式和分析方法宜采用统计技术并使用便于发现发展趋势的方式记录，以预见进而预防问题的发生。要做到这一要求，美国休哈特控制图理论及其应用工具——控制图方法在实验室检测/校准系统中的应用可以给我们带来帮助和启迪。休哈特于 1924 年 5 月 16 日在贝尔电话实验室首次提出了控制图理论，并应用控制图监控过程，从而成为统计过程控制的奠基人，使世界进入了统计过程控制的新时代。

休哈特的贡献在于他所提出的过程控制理论首先是应用在生产线上的制造过程控制中，从而实现了利用控制图来预测产品质量波动的发展趋势，进而做到以预防为主，达到改善产品质量的目的。与产品的制造过程类似，我们可以把实验室所进行的检测（检测过程）和校准（校准过程）看作数据结果的制造过程，利用休哈特控制图来对实验室的测量系统、测量过程进行监控。休哈特将数据结果的波动成因分为两大类，即随机的普通因素造成的微小波动和特殊异常因素造成的大波动。前者是系统或过程所固有的，在过程中始终存在，是不可避免的，它对输出影响或波动较小，相当于背景噪声，可暂且听之任之；而后者不是系统或过程所固有的，在系统或过程中必然而且突然有异常因素存在而引起系统或过程输出有异常的波动（大波动），这一异常波动的出现可以从控制图上明显地观察出来。当发现异常波动时需要尽快找出原因（异常原因），采取措施，消除异因，并保证使之不再重新出现。如此逐个消除异因（可能有多个异因），最终就可以达到只存在普通因素而造成的小波动而无异常因素造成的大波动的状态，这样我们就可以称此系统或此过程所处的状态为稳定状态（简称“稳态”）。使系统进入稳定状态是我们实验室测量系统追求的目标，因为在稳态下，测量结果质量才是稳定的。当然我们也应清醒地看到实验室有其固有特点，检测实验室与校准实验室有很多很大的不同特点，检测实验室类别中不同专业领域的实验室也存在着很大不同，所以，针对不同情况如何将控制图理论恰如其分地运用，应具体加以分析研究。

质量控制可以分内部质量控制活动和外部质量控制活动。本条款所要求的参加实验室间比对和参加能力验证就是属于外部质量控制活动。如果我们实验室的检测系统、检测过程及其检测结果不能同我们国内的其他实验室相比，其不一致性（差异）没有控制在公认的允许误差范围内，或者说我国实验室的检测系统、检测过程以及检测结果不能与国际上（例如亚洲太平洋区域）的其他国家实验室相比，其不一致性（差异）不能控制在一定允许误差范围内，则我们的实验室就很难与国际接轨，所以参加实验室间比对或能力验证是非常重要的。

十、结果报告

（1）总则。

实验室应准确、清晰、明确和客观地报告每一项检测、校准，或一系列的检测或校准的结果，并符合检测或校准方法中规定的要求。结果通常应以检测报告或校准证书的形式出具，并且应包括客户要求的、说明检测或校准结果所必需的和所用方法要求的全部信息。这些信息通常是检测报告和校准证书中要求的内容。

在为内部客户进行检测和校准或与客户有书面协议的情况下，可用简化的方式报告结果。对于检测报告和校准证书条款中所列却未向客户报告的信息，应能方便地从进行检测和/或校准的实验室中获得。

注：1. 检测报告和校准证书有时分别称为检测证书和校准报告。

2. 只要满足本准则的要求，检测报告或校准证书可用硬拷贝或电子数据传输的方式发布。

（2）检测报告和校准证书。

除非实验室有充分的理由，否则每份检测报告或校准证书应至少包括下列信息：

a. 标题（例如“检测报告”或“校准证书”）；

b. 实验室的名称和地址，进行检测和/或校准的地点（如果与实验室的地址不同）；

c. 检测报告或校准证书的唯一性标识（如系列号）和每一页上的标识，以确保能够识别该页是属于检测报告或校准证书的一部分，以及表明检测报告或校准证书结束的清晰标识；

d. 客户的名称和地址；

e. 所用方法的识别；

f. 检测或校准物品的描述、状态和明确的标识；

g. 对结果的有效性和应用至关重要的检测或校准物品的接收日期和进行检测或校准的日期；

h. 如与结果的有效性和应用相关时，实验室或其他机构所用的抽样计划和程序的说明；

i. 检测和校准的结果，适用时，带有测量单位；

j. 检测报告或校准证书批准人的姓名、职务、签字或等效的标识；

k. 相关之处，结果仅与被检测或被校准物品有关的声明。

注：1. 检测报告和校准证书的硬拷贝也需有页码和总页数。

2. 建议实验室作出未经实验室书面批准，不得复制（全文复制除外）检测报告或校准证书的声明。

（3）检测报告。

①当需对检测结果作出解释时，除检测报告和校准证书条款中所列的要求之外，检测报告

中还应包括下列内容：

a. 对检测方法的偏离、增添或删节，以及特殊检测条件的信息，如环境条件；

b. 需要时，符合（或不符合）要求和/或规范的声明；

c. 适用时，评定测量不确定度的声明，当不确定度与检测结果的有效性或应用有关，或客户的指令中有要求，或当不确定度影响到对规范限度的符合性时，检测报告中还需要包括有关不确定度的信息；

d. 适用且需要时，提出意见和解释；

e. 特定方法、客户或客户群体要求的附加信息。

②当需对检测结果作解释时，对含抽样结果在内的检测报告，除了检测报告和校准证书条款所列的要求之外，还应包括下列内容：

a. 抽样日期；

b. 抽取的物质、材料或产品的清晰标识（适当时，包括制造者的名称、标示的型号或类型和相应的系列号）；

c. 抽样地点，包括任何简图、草图或照片；

d. 列出所用的抽样计划和程序；

e. 抽样过程中可能影响检测结果解释的环境条件的详细信息；

f. 与抽样方法或程序有关的标准或规范，以及对这些规范的偏离、增添或删节。

（4）校准证书。

①如需对校准结果进行解释时，除检测报告和校准证书条款中所列的要求之外，校准证书还应包含下列内容：

a. 校准活动中对测量结果有影响的条件（例如环境条件）；

b. 测量不确定度或符合确定的计量规范或条款的声明；

c. 测量可溯源的证据。

②校准证书应仅与量和功能性检测的结果有关。如欲作出符合某规范的声明，应指明符合或不符合该规范的那些条款。当符合某规范的声明中略去了测量结果和相关的不确定度时，实验室应记录并保存这些结果，以备日后查阅。作出符合性声明时，应考虑测量不确定度。

③当用于校准的仪器已被调整或修理时，如果可获得，应报告调整或修理前后的校准结果。

④校准证书（或校准标签）不应包含对校准时间间隔的建议，除非已与客户达成协议。该要求可能被法规取代。

（5）意见和解释。

当含有意见和解释时，实验室应把作出意见和解释的依据制订成文件。意见和解释应同在检测报告中的一样被清晰标注。

注：1. 意见和解释不应与 ISO/IEC 17020 和 ISO/IEC 指南 65 中所指的检查和产品认证相混淆。

2. 检测报告中包含的意见和解释可以包括（但不限于）下列内容：关于结果符合（或不符合）要求声明的意见；合同要求的履行；如何使用结果的建议；用于改进的指导。

3. 许多情况下，通过与客户直接对话来传达意见和解释或许更为恰当，但这些对话需有文字记录。

（6）从分包方获得的检测和校准结果。

当检测报告包含了由分包方所出具的检测结果时，这些结果应予清晰标明。分包方应以书面或电子方式报告结果。当校准工作被分包时，执行该工作的实验室应向分包给其工作的实验室出具校准证书。

(7)结果的电子传送。

当用电话、电传、传真或其他电子或电磁方式传送检测或校准结果时,应满足本准则的要求。

(8)报告和证书的格式。

报告和证书的格式应设计为适用于所进行的各种检测或校准类型,并尽量减小产生误解或误用的可能性。

注:1. 需注意检测报告或校准证书的编排尤其是检测或校准数据的表达方式,并易于读者理解。

2. 标题需尽可能地标准化。

(9)检测报告和校准证书的修改。

对已发布的检测报告或校准证书的实质性修改,应仅以追加文件或资料转换的形式,并包括如下声明:对检测报告(或校准证书)的补充,系列号(或其他标识),或其他等同的文字形式等。这种修改应满足本准则的所有要求。当有必要发布全新的检测报告或校准证书时,应注以唯一性标识,并注明所替代的原件。

[**条文释义与理解**]

(1)实验室应准确、清晰、明确、客观地报告检测/校准结果,并应符合检测/校准方法中的规定要求。

结果报告的形式通常为检测报告或校准证书,其内容应包括客户要求的、说明检测/校准结果所必需的以及所用方法要求的全部信息。

(2)除非实验室有充足的理由,如客户的合理要求并有书面协议的情况下,否则每份检测报告或校准证书都应包含本条款所要求的全部信息。

(3)必要时,检测报告中除本准则“检测报告和校准证书”条款规定的内容以外,还应包括一些附加信息,例如:对检测方法的偏离,或特定检测条件的信息等;评估测量不确定度的声明(适用时);适用和需要时,进行意见和解释;抽样的信息等(适用时)。

(4)必要时,校准证书中除本准则“检测报告和校准证书”条款规定的内容以外,还应包括一些附加信息,例如影响测量结果的条件(环境条件等)、测量不确定度、符合确定计量规范或条款的声明以及测量溯源性的证据等。

校准证书应仅与量和功能性检测的结果有关,如欲作出符合某规范的声明,应明确符合或不符合该规范的那些条款。作出符合性声明时,必须考虑测量不确定度。

当用于校准的仪器已被送去调整或修理时,如果可能的话,应报告调整或修理前、后的校准结果。校准证书(或校准标签)中不应推荐校准周期,除非已和客户达成协议,该要求可能被法规的强制要求所取代。

(5)如果需要在检测报告中包含“意见和解释”,实验室应将作出意见和解释的依据文件化,并在检测报告中清晰地标出意见和解释的内容。意见和解释不应与 ISO/IEC 17020 中“检查”和 ISO/IEC 指南 65 中“产品认证”的要求相混淆。

需要强调指出的是,对于检测实验室而言,意见和解释并非必需,是一种附加服务,只有具备相应专业人员的实验室才可以进行意见和解释。

在国际标准 ISO/IEC 17025—1999 的起草过程中,“意见和解释”曾被叫作“专业判断”,后来由于各国对此争议较大,反对意见也较多,最后将其淡化折中为“意见和解释”。应该指出,检测报告和检查报告的定义是不一样的。根据定义,检测报告主要是检测所得的客观结果,而发表"意见和解释"是要进行专业诊断评价的,有时在简单的工业实验室中还不一定能体会出它们之间的区别。从医院化验室的化验报告(化验结果单)可知,它只列出化验结果,化验员绝对不会去下诊断意见的,因为他们概念很清楚,这是医生们的事。一个医生要对病人下诊断,诊断是什么病,仅看化验单结果是远远不够的,他要结合临床其他表现症状,更重要的是他要懂得病理、生理学、解剖学等等内科外科一系列相关知识才能进行诊断。同理,ISO/IEC 17025 也规定了一个限制前提,即必须要将进行"意见和解释"的"依据"文件化,并且必须将"意见和解释"清晰地标示出来。

本准则的核心是对技术能力的评估,对于提供"意见和解释"的人员,实验室应证明并确保他们具有足够的能力和知识来进行此项工作。这类人员与常规检测人员是有区别的,在培训、经验、专业背景和知识水平等方面的要求都不一样。例如,在医学实验室中,技术人员提供检测结果,而病理学家给出"意见和解释"。

(6)当检测报告包含了由承包方所出具的检测结果时,这些结果应予以清晰标明(明显地区分开),以免混淆。承包方应以书面或电子方式报告结果。

当校准工作被分包时,则进行承包校准工作的实验室应向合同(发包)实验室出具校准证书,这点与检测实验室的分包要求有明显区别。

(7)当用电话、电传、传真或其他电子或电磁方式传输检测/校准结果时,应满足本准则的要求,包括确保结果准确性、完整性以及保护客户机密信息和所有权等要求。

(8)报告和证书的格式设计应适用于所进行的各种检测/校准类型(针对不同的检测/校准类型可以有不同的格式设计),并尽量减小产生误解或误用的可能性。应注意检测报告或校准证书的编排,尤其是检测/校准数据的表达方式应容易为读者所理解。报告和证书的标题应尽可能地标准化(而不是内容)。

(9)如果对已发布的检测报告或校准证书有重大修改,只能采用另发文件或数据修改单的形式,其中应包括"《对序号＊＊＊＊＊＊(或其他标识)的检测报告(或校准证书)的补充》"的声明或者其他等效的文字说明。这些修改应满足本准则的全部要求。如果有必要发布一份全新的检测报告或校准证书,则应加以唯一性标识,并注明所替代的原报告或原证书。

实验室应对报告/证书的产生过程很好地加以识别和策划。尽管本准则没有提出一定要制订有关报告/证书的起草、校核、批准的控制程序,但是应该在文件化的质量管理体系中把报告/证书的起草、校核、批准等流程描绘清楚,明确职责分工和相互关系,包括起草报告者、校核者、批准者(授权签字人)的职责,并识别、监控每个阶段应注意的重点,同时还应考虑相关的支持性文件和必要的质量记录。

报告与证书被喻为实验室检测/校准工作的最终产品。报告/证书的质量形成不仅仅与原始记录数据整理、分析、起草报告、校核报告和批准报告等有关,其实质性问题是数据的准确性和可靠性。所以,对报告/证书的质量监督控制应扩展到整个工作过程,重点应从审查批准报告的末端质量控制前移到数据产生的源头上,只有这样才有可能真正保证报告/证书的质量。仅仅坐在办公室里起草编制、校核、批准报告/证书,虽然也可以发现一些问题乃至差错,但是有些更潜在隐蔽的问题、重大实质性问题是只有在检测/校准现场认真仔细观察思考后才能发觉的,所以报告的签发人应接触日常检测/校准工作,有足够的实践经验,并熟悉实验室质量管理体系的运作。

第五章

实验室质量体系的建立与运行

第一节　质量体系(QS)的基本概念

一、体系的概念

为了说明质量体系,首先应理解什么是体系(System)。体系的定义是:“相互关联或相互作用的一组要素”(ISO 9000:2000),即体系是由要素组成的,离开了要素就谈不上体系。要素是体系的基本成分,是体系存在的基础。一般来说,体系的性质是由要素决定的,有什么样的要素,就有什么样的体系。研究体系,重要的就是研究要素之间的关联性或相互作用。

例如,1986 年美国挑战者一号升空失事,直接原因是密封圈质量有问题,导致燃料泄漏,火箭爆炸。密封圈价值也就是几美元,但由于没有考虑到与其他方面(零部件与整体)的关系,如热效应、加速度等,造成 7 位宇航员牺牲,损失重大。所以,不要把事物看成孤立的,要从整体上去研究。

要素又以一定的结构形成体系,各种要素在体系中的地位和作用各不相同,有的起主要作用,有的起次要作用。因此,处理好要素与要素、要素与体系(即部分与整体)的关系,对于体系的功能和性质是至关重要的。两千多年前,希腊大哲学家亚里士多德的哲学命题就是:“整体应大于它各部分的总和”。我国的两个成语故事,“三个臭皮匠,顶个诸葛亮”和“三个和尚没水喝”,正是说明这个道理的。同样是由三个人组成的整体,但三个皮匠一条心,齐心合力,取长补短,达到常人所不及的智慧;而三个和尚三条心,谁也不愿多出半分力,结果是一个和尚挑水喝,两个和尚抬水喝,三个和尚没水喝,出现了截然相反的两种整体效应。

体系与环境同样存在着密切的关系。每一个具体的体系都是时空上的有限存在,作为一个有限的存在,都有它外界的环境,一般把体系之外的所有其他事物,称为该体系的环境。环境是体系存在与发展的必要条件,环境对体系的性质与发展方向起着一定的作用。体系的整体性就是在体系与环境的相互联系中体现出来的,体系和环境之间,通常都有物质和信息的交换。环境的变化往往会引起体系性质和功能的变化;反之,由于体系的作用不同,也会引起环境的变化。两者相互作用的结果,有可能使体系改变或失去原有的功能。因而,体系要有一种特殊的功能,来适应环境的变化,保持和恢复原有的功能,这就是体系的适应性。

概括言之,体系就是若干有关事物(要素)相互联系、相互制约而构成的有机整体,要强调其关联性、协调性和适应性。研究体系就是研究要素与要素、要素与体系、体系与环境之间的交互关系。

对于实验室来说，检测报告/校准证书是我们的最终成果，而影响报告证书质量的因素很多，诸如操作人员、仪器设备、样品处置、检测方法、环境条件、量值溯源等，这些要素就构成了一个体系。为了保证报告/证书的质量，我们就要以整体优化的要求，处理好检测/校准实现过程中各项要素间的协调与配合，也就是要进行管理。管理的定义就是"指挥和控制实验室的协调的活动"。因此，我们建立的体系是一个管理体系，管理体系的定义是"建立方针和目标，并实现这些目标的体系"。

二、质量方针与质量目标

实验室的管理是质量管理，所谓质量管理就是"在质量方面指挥和控制实验室的协调的活动"。因此，质量管理体系（QMS）就是"在质量方面指挥和控制实验室的管理体系"。管理体系要建立质量方针和质量目标。所谓质量方针，是"由实验室的最高管理者正式发布的该实验室总的质量宗旨和方向"，这里的最高管理者是"在最高层指挥和控制实验室的一个人或一组人"，而质量目标是"在质量方面所追求的目的"。

1. 质量方针和质量目标的作用

（1）质量方针和质量目标指出了实验室在质量方面的宗旨和追求的目标，使实验室的各项质量活动都能围绕这个方针和目标来进行，让全体员工都来关注其实施与实现。

（2）方针指出了实验室满足客户要求的意图和策略，而目标则是实现这些意图和策略的具体要求。两者均确定了想要达到的预期结果，使实验室可利用其资源实现这些结果。

2. 方针和目标之间的关系

质量方针为建立和评审质量目标提供了一个框架，质量目标在此框架内确立、展开和细化。即"方针"指出了实验室的质量方向，而"目标"是对这一方向的落实、展开。"目标"应与"方针"保持一致，不能脱节和偏离。"方针"和"目标"也是质量管理体系有效性的评价依据。因此，"方针"、"目标"的制订不能空洞不切实际，目标的实现程度应是可度量的。目标应适当展开，除总目标外，有关部门和岗位还应根据总目标确定各自的分目标。

三、质量管理体系与质量体系

我们知道原质量体系（QS）的定义是："为实施质量管理所需的组织结构、程序、过程和资源"（ISO 8402）。94 版 ISO 9000 系列标准中使用的就是质量体系，而2000 版 ISO 9000 标准改为质量管理体系（OMS）。新定义的描述是从"体系"的角度加以规定，说明质量管理体系是建立质量方针和质量目标，并实现这一目标的一组相互关联或相互作用的要素的集合。而原质量体系定义是从四大组成部分，即组织结构、程序、过程和资源的角度加以规定。在新定义中把影响报告/证书质量的各种技术、管理、资源等因素都综合在一起，使之为了一个共同的目的——在质量方针的指引下，为达到质量目标而相互配合、努力工作。质量管理体系包括"硬件"和"软件"两大部分（在 ISO/IEC 17025 标准中是"管理"和"技术要求"两部分）。实验室在进行质量管理时，首先要根据质量目标的需要，准备必要的条件（人员、设备、设施、环境等资源），然后通过设置组织机构、分析确定开展检测/校准所需的各项质量活动（过程），分配、协调各项活动的职责和接口，通过体系文件（程序）的编制给出从事各项质量活动的工作流程和方法，使各项质量活动（过程）能经济、有效、协调地进行，这样组成的有机整体就是实验室的质量管理体系。显然，质量管理体系含有质量体系的内容，两者的内涵并不矛盾，只是新定义更加强调质量管理体系的各项活动是为了实现质量方针和质量目标以及各要素间的相互联系，使该术语更简明、科学，操作性也更强。在本教程中不管使用"质量体系"或"质量管理体系"指的是相同概念。

第二节　建立质量体系的理论基础——质量管理八项原则

一、概述

"质量管理八项原则"是在总结质量管理实践经验的基础上，用高度概括的语言所表达的最基本、最通用的原则。它可以指导一个实验室在长时期内通过关注顾客的需求和期望而达到改进其总体业绩的目的，既是指导实验室管理者建立、实施、改进本实验室的质量管理体系的理论依据，也是实施质量管理的基本准则。

二、八项原则的内容与理解

1. 原则一：以顾客为关注焦点

"组织依存于其顾客，因此，组织应理解顾客当前的和未来的需求，满足顾客要求并争取超越顾客期望。"

1）理解要点

以顾客为关注焦点是质量管理的核心思想，任何实验室都依存于顾客，实验室如果失去了顾客，就失去了存在和发展的基础。因此，实验室要明确谁是自己的顾客，要调查顾客的需求是什么，要研究怎么满足顾客的需求。对于实验室来说，顾客就是检测/校准服务的需求者，包括被测物品的设计者、制造者、供应者、安装者、采购者、所有者、使用者、维修者……顾客是一个大概念，主要是被测物品的供方和需方，政府也是我们的顾客。实验室应认识到检测市场是变化的，顾客也是动态的，顾客的需求和期望也是不断变化的。实验室必须时刻关注顾客的动向、顾客的潜在需求和期望，以及对现有检测/校准服务的满意程度，及时调整自己的策略并采取必要的措施，目的是可以根据顾客的要求和期望作出改进，以取得顾客的信任。

2）实施本原则一般应采取的主要措施

（1）全面了解顾客的需求和期望，如对报告/证书的准确可靠、交付期、收费等方面的要求。

（2）确保实验室的各项目标，包括质量目标能体现顾客的需求和期望。

（3）确保顾客的需求和期望在整个实验室中得到沟通，使有关领导和员工都能了解顾客需求的内容、细节和变化，并采取措施来满足顾客的要求。

（4）有计划地了解顾客的满意程度，处理好与顾客的关系，力求使顾客满意。

（5）在重点关注顾客的前提下，兼顾其他相关方的利益，使实验室得到全面、持续发展。

2. 原则二：领导作用

"领导者应建立组织统一的宗旨及方向，他们应当创造并保持使员工能充分参与实现组织目标的内部环境。"

1）理解要点

实验室最高管理者的领导作用、承诺和积极参与，对建立并保持一个有效、高效的质量管理体系是必不可少的。最高管理者要想指挥和控制好一个实验室，必须做好确定方向、策划未来、激励员工、协调活动和营造一个良好的内部环境等工作。此外，他还应做到透明、务实和以身作则。

一个实验室的管理,领导的角色如同一个交响乐队的指挥。百人的乐队,大家使用的乐器不同,如果没有一个好指挥,各吹各的调,结果可想而知。因此,有人认为一个乐队的成功是指挥的成绩,是有一定道理的。当然,乐队的成绩也是众人合作的结果,每个人都有一份功劳,这正是领导作用和全员参与的关系。

2)实施本原则一般应采取的主要措施

(1)领导者应作好发展规划,为实验室勾画出一个清晰的远景,为整个实验室以及各有关部门设定奋斗目标。

(2)创建一种共同的价值观,树立职业道德榜样,形成实验室自身的企业文件。

(3)使全体员工工作在一个比较宽松、和谐的环境之中,相互信任,消除忧虑,提倡公开和诚恳的交流和沟通。

(4)为员工提供所需的资源、培训以及在职权范围内的自主权。

3. 原则三:全员参与

"各级人员是组织之本,只有他们充分参与,才能发挥他们的才干,为组织带来收益。"

1)理解要点

全体员工是每个实验室的基础,实验室的质量管理不仅需要最高管理者的正确领导,还有赖于全员的参与。

2)实施本原则一般应采取的主要措施

①要让员工了解他们在实验室中的作用及工作的重要性,明白为完成目标自己应干什么。

②给予机会提高他们的知识、能力和经验,使他们对实验室的成功负有使命感。

③要求员工应熟悉本职岗位的目标,也知道该怎样去完成,并能全身心地投入。同样,这也是对领导的要求。

4. 原则四:过程方法

"将活动和相关的资源作为过程进行管理,可以更高效地得到期望的结果。"

1)理解要点

任何利用资源并通过管理,将输入转化为输出的活动,都可视为过程。系统地识别和管理实验室所有的过程,特别是这些过程之间的相互作用,就是"过程方法"。

以过程为基本单元是质量管理考虑问题的一种基本思路。质量管理体系是通过一系列过程来实现的,质量策划就是要通过识别过程,确定输入和输出,确定将输入转为输出所需的各项活动、职责和义务,所需的资源、活动间的接口等,以实现过程的增值,获得预期的结果。过程方法鼓励实验室要对其所有的过程有一个清晰的理解。过程包含一个或多个将输入转化为输出的活动,通常一个过程的输出直接成为下一个过程的输入,但有时多个过程之间也形成比较复杂的过程网络。在应用过程方法时,必须对每个过程,特别是关键过程的要素进行识别和管理,这些要素包括输入、输出、活动、资源、管理和支持性过程。

2)实施本原则一般应采取的措施

(1)识别质量管理体系所需的过程,包括管理职责、资源置配、检测/校准的实现和分析改进有关的过程,确定过程的顺序和相互作用。

(2)确定每个过程为取得预期结果所必需的关键活动,并明确为管理好关键过程的职责和权限。

(3)确定对过程的运行实施有效控制的原则和方法,并实施对过程的监控以及对监控结果的数据分析,如果发现问题,采取改进措施,包括提供必要的资源、实现持续的改进,以提高过程的有效性。

(4)评价过程结果可能产生的风险、后果及对顾客和相关方的影响。

5.原则五:管理的系统方法

"将相互关联的过程作为系统加以识别、理解和管理,有助于组织提高实现目标的有效性和效率。"

1)理解要点

所谓"系统",即前述的体系,定义为"相互关联或相互作用的一组要素"。如前所述,系统的特点之一就是通过各分系统(要素)的协同作用,互相促进,使总体的作用大于各分系统作用之和,这正是亚里士多德的哲学命题。

所谓"系统方法",实际上可包括系统分析、系统工程和系统管理三大环节。它以系统地分析有关数据、资料或客观事实开始,确定要达到的优化目标;然后通过系统工程,设计或策划为达到目标而应采取的各项措施和步骤,以及应配置的资源,形成一个完整的方案;最后在实施中通过系统管理而取得有效性和高效率。

在质量管理体系中采用系统方法,就是要把质量管理体系作为一个大系统,对组成质量管理体系的各个过程加以识别、理解和管理,以达到实现质量方针和质量目标的目的。

系统方法和过程方法关系非常密切,它们都以过程为基础,都要求对各个过程之间的相互作用进行识别和管理。但系统方法着眼于整个系统和实现总目标,使得实验室所策划的过程之间相互协调和相容;而过程方法着眼于具体过程,对其输入、输出、相互关联和相互作用的活动进行连续的控制,以实现每个过程的预期结果。

2)实施本原则一般应采取的主要措施

(1)建立一个以过程方法为主体的质量管理体系。

(2)明确质量管理过程的顺序和相互作用,使这些过程相互协调。

(3)控制并协调质量管理体系各过程的运行,应特别关注体系内某些关键或特定的过程,并应规定其运作的方法和程序。

(4)通过对质量管理体系的分析和评审,采取措施以持续改进体系,提高实验室的业绩。

6.原则六:持续改进

"持续改进整体业绩应是组织的一个永恒目标。"

1)理解要点

持续改进是"增强满足要求的能力的循环活动"。为了改进实验室的整体业绩,应不断改进其报告/证书的质量,提高质量管理体系及过程的有效性和效率,以满足顾客日益增长和不断变化的需求和期望。质量管理体系的充分性是相对的,从不够充分到比较充分,再由比较充分到相当充分也是一个持续改进过程。持续改进从概念上不是指预防发生错误,而是在现有水平上不断提高服务质量、过程及体系的有效性。在实施中则是通过贯彻方针、目标,利用内审、数据分析、纠正和预防措施以及管理评审等手段促进质量管理体系的持续改进。最高管理者要对持续改进作出承诺,积极推动,全体员工也要积极参与持续改进的活动。持续改进是永无止境的,因此持续改进应成为每一个实验室永恒的追求、永恒的目标、永恒的活动。

2)实施本原则一般应采取的主要措施

实验室的持续改进有两条途径,即渐进式持续改进和突破性项目。

(1)渐进式持续改进。它由实验室内在岗人员对现有过程进行步幅较小的持续改进活动,改进包括下述活动:

①分析和评价现状,以识别改进区域;

②确定改进目标;

③寻找可能的解决办法,以实现这些目标;

④评价这些解决办法并作出选择;

⑤实施选定的解决办法;

⑥测量、验证、分析和评价实施的结果,以确定这些目标已经实现;

⑦正式采纳更改。

显然,上述活动是对 PDCA 工作原理的具体应用。

(2)突破性项目。它通常由日常运作之外的专门小组来实施,实验室应配备足够的资源,有计划地指派一些有资格的人员,对现有标准方法实施改进,自己研制新的检测/校准方法,以超越顾客的需求和期望。

7. 原则七:基于事实的决策方法

"有效决策是建立在数据和信息分析的基础上。"

1)理解要点

决策是实验室中各级领导的职责之一。所谓"决策"就是针对预定目标,在一定的约束条件下,从诸方案中选出最佳的一个付诸实施。达不到目标的决策就是失策。基于事实的决策方法,就是指实验室的各级领导在作出决策时要有事实根据,这是减少决策不当和避免决策失误的重要原则。数据是事实的表现形式,信息是有用的数据,实验室要确定所需的信息及其来源,以及它的传输途径和用途。应确保数据是真实的,且对数据要进行分析而获得信息。分析是有效决策的基础,应对数据和信息进行认真的整理和分析。大量的信息,隐含在原始数据之中,不整理不可能获得有用的信息。实验室领导应能及时得到适用的信息,这些都是为做好"基于事实的决策方法"需服从的基础性工作。

2)实施本原则一般应采取的主要措施

(1)通过测量积累,或有意识地收集与目标有关的各种数据和信息,并明确规定收集信息的种类、渠道和职责。

(2)通过鉴别,确保数据和信息的准确和可靠。

(3)采取各种有效方法,对数据和信息进行分析。在分析时,应尽量采取适当的统计技术。

(4)应确保数据和信息能为使用者得到和利用。

(5)根据对事实的分析,依据过去的经验和正确的判断作出相应决策,并采取行动。

8. 原则八:与供方的互利关系

"组织与供方是相互依存的,互利的关系可增强双方创造价值的能力。"

这一点对实验室来说,虽然与企业不同,但实验室的活动也不是孤立的。实验室的供方可以理解为相关方,如供应商、服务方、承包方等。实验室在与他们建立关系时,应考虑到短期和长远利益的平衡,要营造一个合作与沟通的气氛,与他们共享必要的信息和利益,确定联合的改进活动。这种"双赢"的思想,可使成本和资源进一步优化,能对变化的市场作出更灵活和快速一致的反应。

第三节　质量体系的建立与运行

实验室尽管千差万别,各不相同,但其质量体系的建立与运行是基本一致的。图5-1给出了质量体系建立与运行的框图。

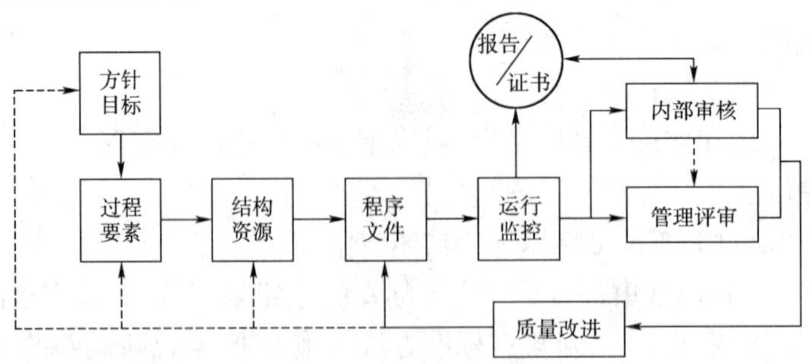

图5-1　质量体系建立与运行框图

由图可看出,一个质量体系的建立和有效运行,通常有8个环节,而报告/证书是运行的结果,即各环节的共同目的都是保证报告/证书的高质量。

一、方针、目标的制订

(1)质量方针是指引实验室开展质量管理的"纲",是建立质量体系的出发点。一个实验室的质量方针对内明确质量宗旨和方向,激励员工的质量责任感;对外表示实验室最高管理者的决心和承诺,使顾客能了解可以得到什么样的服务。不同实验室由于其业务领域不同、规模各异,质量方针也会各不相同,但都应能反映通过提供满足顾客要求的检测/校准结果,而达到增加顾客满意的目的。首先,在制订方针前,实验室要明确谁是自己的顾客,要调查顾客的需求是什么,要研究怎样满足顾客的需求;其次,方针应包括对满足要求的承诺,尤为重要的是公正性和诚信性的承诺,还包括对持续改进质量体系有效性的承诺。方针的表述应力求简明扼要,具有强烈的号召力。

(2)质量目标应在方针给定的框架内制订并展开,也是实验室各职能和层次上所追求并加以实现的主要任务。目标是实验室实现"满足客户要求,增强顾客满意"的具体落实,也是评价质量体系有效性的重要判定指标。目标既要先进,又要可行、便于检查。

最高管理者应确保方针和目标在实验室内得到沟通和理解,并使相关人员认识到所从事工作的重要性及如何为实现本岗位的具体目标作出贡献,即所谓"应传达至有关人员,并被其理解、获取和执行"。方针和目标的制订在质量体系的建立过程中属于决策环节。

二、识别过程(要素),确定控制对象

方针、目标确定之后,就应该结合实验室的自身特点,明确本实验室的检测/校准流程(质量环),识别报告/证书质量形成的全过程,尤其是关键过程,这是质量体系设计构思及运行的基本依据。

过程是"一组将输入转化为输出的相互关联或相互作用的活动"。过程的概念可以用图5-2加以说明。

过程有2个特征:①任何过程都有输入和输出,输入是实施过程的依据或基础,输出是完

成过程的结果。②完成过程必须投入适当的资源和活动。

对过程的要求是:①过程应是价值增加的转换,价值的增加来源于投入过程的资源与活动相结合所产生的结果;②为确保过程质量,对输入过程的信息、要求,输出的结果以及在过程中的适当阶段应进行必要的检查、评价和验证,即应受控。

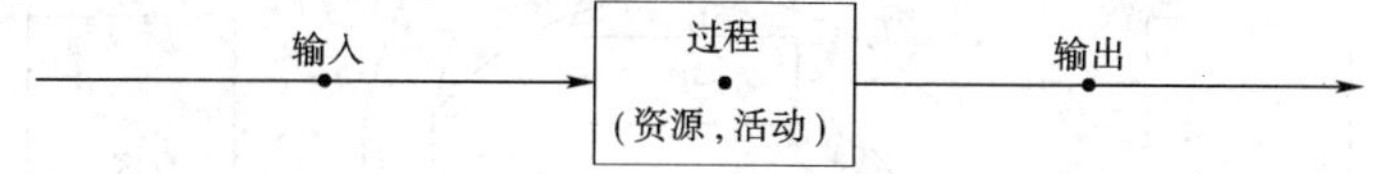

图 5-2 过程概念图注

"过程"是一个非常重要的概念,有关实验室认可和质量认证的 ISO 标准或导则,都是建立在"所有工作都是通过过程来完成的"这样一种认识的基础之上的。质量管理就是通过过程管理来实现的。根据过程的不同,一个过程可以包含多个纵向(直接)过程,还可能涉及多个横向(间接、支持)过程,当逐个或同时完成这些过程后,才能完成一个全过程。以检测/校准的实现过程为例,其纵向过程包括:检验前过程——合同评审、抽样及样品处置,检验过程——程序和方法、量值溯源、结果质量保证等,检验后过程——结果报告、结果的更改和纠正等多个子过程;而横向过程包括:管理过程——组织结构、文件控制、内部审核、管理评审等,支持过程——资源配置、分包、外购、培训等。过程方法示意图如图 5-3 所示。

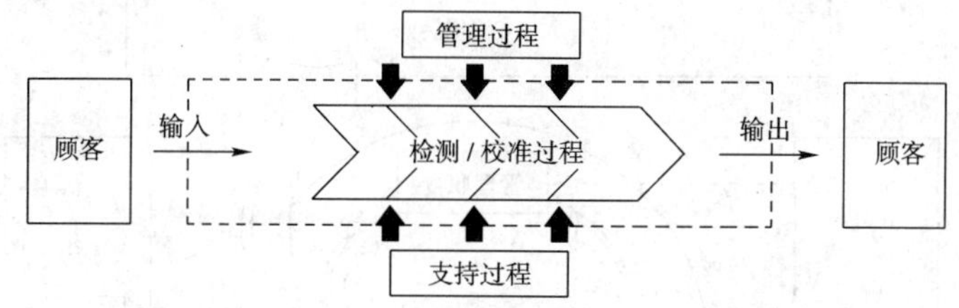

图 5-3 过程方法示意图

ISO 9000: 2000 中给出了一个以过程为基础的质量管理体系模式,其中有四大过程,即"管理职责"、"资源管理"、"产品实现"和"测量、分析和改进"。它们彼此相连,最后通过体系的持续改进而进入更高阶段,如图 5-4 所示。从水平方向看,顾客的要求形成产品实现过程的输入,产品实现过程的输出是最终的产品。产品交付给顾客后,顾客将对其满意程度的意见反馈给组织的"测量、分析和改进"过程,作为体系持续改进的一个依据;在新的阶段,"管理职责"过程把新的决策反馈给顾客,后者可能据此而形成新的要求。利用这个模式图,组织可以明确主要过程,进一步展开、细化,并对过程进行连续控制,从而改进体系的有效性。

这个质量管理体系模式同样可以运用到检测/校准中来,因为实验室建立的质量体系与 ISO 9000 标准是相通的,尽管 17025 标准兼容的是 94 版 ISO 9000,但标准中也指出:"使用本标准的各方应探讨使用引用标准最新版本的可能性"。目前 94 版已被 2000 版取代,所以我们也应将 2000 版的思想运用到 17025 标准中来,若将图 5-4 运用于 17025 标准,并将相关过程及涉及的要素给出的话,图 5-4 就变成图 5-5。其中"产品实现"变为"检测/校准实现","产品"变为"报告/证书",检测/校准的输入除了顾客要求之外,还要加上样品(抽样和样品处置)。在这个模式中,"管理职责"、"资源配置"和"分析改进"对每个实验室都是需要的,属共性过程;而检测/校准实现过程,则不同领域、不同行业的实验室各不相同。17025 标准是通用要求,故一些要素、条款可能对某些实验室并不适用,因此也只有在检测/校准实现过程中可作适当剪裁(必须说明充分理由)。

每个方框中对应的数字,系指 ISO/IEC 17025 标准中需要控制的要素。原则上,实验室的质量体系应覆盖 ISO/IEC 17025 标准中的全部要素。

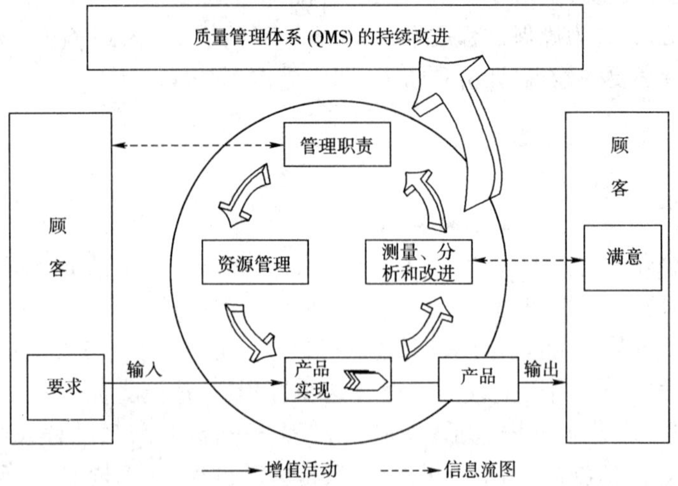

图 5-4　以过程为基础的质量管理体系(QMS)模式

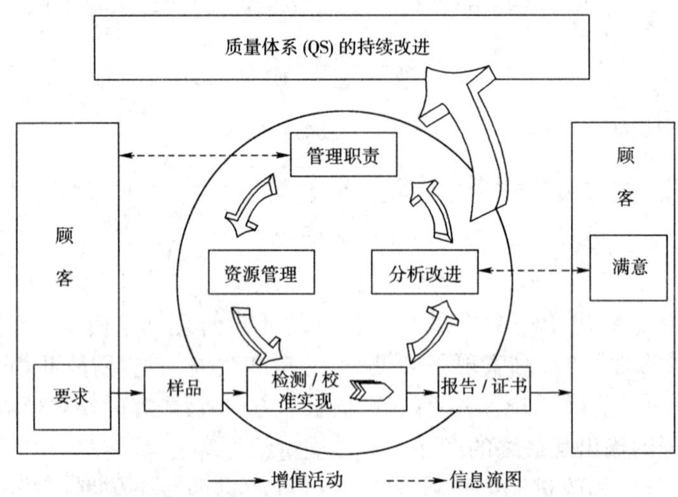

图 5-5　实验室质量体系模式

三、组织结构及资源配置

1. 组织结构

组织结构的定义是:“人员的职责权限和相互关系的安排”。如前所述,体系的性质取决于要素的结构。所谓结构是指各要素在质量体系范围内的相互联系、相互作用的方式,它表现为系统内的组织机构、质量职责和权限。因此,在建立质量体系时,要合理设计本实验室的组织机构,落实岗位责任制,明确技术、管理、支持服务工作与质量体系的关系。如能画出质量体系要素职能分配表,则更加醒目。这样,就能将检测/校准实现过程各阶段的质量功能落实到相关领导、部门和人员身上,做到各项与质量有关的工作,都能事事有人管,项项有部门负责。

2. 资源配置

资源是实验室建立质量体系的必要条件,实验室应首先根据自身检测/校准的特点和规模确定所需配备的资源,并由技术管理层确保实验室运作质量所需的资源。

1)人力资源

人力资源是资源提供中首先要考虑的,因为所有工作都是靠人来完成的。“实验室管理层应确保所有操作专门设备、从事检测/校准、评价结果和授权签字人等人员的能力”。所谓员工的能力是经证实的、应用知识和技能的本领。管理层应根据质量体系各工作岗位、质量活动及规定的职责要求,选择能够胜任的人员从事该项工作,即“应按要求根据相应的教育、培训、经验和可证明的技能进行资格确认”。

2)物质资源

物质资源是实验室实现检测/校准的基本保证,为确保提供的报告/证书能满足标准和规范的要求,应确定为实现检测/校准所需要的基础设施、仪器设备,同时还要对它们给予维护和保养。

①建筑物、工作场所和相关设施,包括固定设施:离开其固定设施的场所、临时或可移动的设施;相关设施指能源、照明、水、电、气等供应设施。

②检测/校准设备(软、硬件),包括抽样、样品制备、数据处理和分析所要求的所有设备。

③支持性服务设施,如采暖、通风、运输、通信服务等。

3)工作环境

必要的工作环境是实验室实现检测/校准的支持条件。一般来说,工作环境包括人和物两种因素。这里所说的人的环境是指管理层应创造一个稳定、有安全感和积极向上的环境;而物的环境则包括温度、湿度、洁净度、无菌、电磁干扰、辐射、噪声、振动等。实验室必须对所需工作环境加以确定,并对报告/证书质量有影响的环境实施监控管理。

四、质量体系的文件化

1.概述

实验室需要建立文件化的质量体系,而不只是编制质量体系文件。建立质量体系文件的作用是沟通意图、统一行动,有利于质量体系的实施、保持和改进。所以,编制质量体系文件不是目的,而是手段,是质量体系的一种资源。因此,实验室质量体系文件的方式和程度必须结合实验室的类型、范围、规模、检测/校准的难易程度和员工的素质等方面综合考虑,不能找个模式生抄硬搬,也不必抄认可准则的条款。

文件是对体系的描述,必须与体系的需要一致。在策划质量体系时,应按《认可准则》有关条款的要求,结合实验室的实际需要,策划质量体系文件的结构(层次和数量)、形式(媒体)和表达方式(文字、图表)与详略程度。如一个较小的实验室,过程也比较简单,就可以在手册中对过程和要素作出描述,并不一定再需要其他文件指导操作;而一个大型实验室,检测/校准类型复杂、领域宽、管理层次多,则体系文件必须层次分明,还需要增加一些指导操作的文件。实验室不论是初次编制质量体系文件,还是为标准更新对体系文件进行转换改版,都应以原有的各类文件为基础,以实施质量体系和符合认可准则要求为依据,进行调整、补充和删减后,纳入质量体系受控范围,按《认可准则》中“文件控制”条款的要求进行控制。

一般实验室应首先给出质量体系中所用文件的架构,也就是体系文件的层次。图5-6给出了通用的体系文件架构图。从图中可以看出,质量手册是第一层次的文件,是一个将认可准则转化为本实验室具体要求的纲领性文件。因为认可准则是通用要求,要照顾到各行各业的需求,而各实验室有自己的业务领域和自身的特点,所以必须进行转化。手册的精髓就在于有自身的特色,它是为实验室管理层指挥和控制实验使用的。第二层次为程序性文件,是为实施质量管理和技术活动的文件,主要为相关部门使用。第三层次是作业指导书,属于技术性程序,它是指导开展检测/校准的更详细的文件,是为第一线业务人员使用的。而各类质量记录、表格、报告等则是质量体系有效运行的证实性文件。显然,不同层次文件的作用各不相同,要求上下层次间相互衔接、不能矛盾。上层次文件应附有下层次支持文件的目录,下层次应比上层次文件更具体,更可操作。

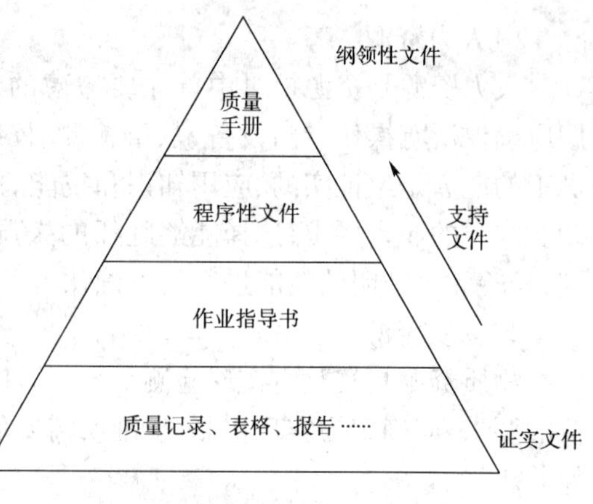

图 5-6 质量体系文件架构图

2. 质量手册的编写

质量手册的定义是:"规定组织质量管理的文件"(ISO 9000:2000)。定义还特别注明,"为适应组织的规模和复杂程度,质量手册在其详略程度和编排格式方面可以不同"。可以看出,质量手册是对实验室的质量体系系统、概要而又纲领性地阐述,能反映出实验室质量体系的总貌。

手册的内容要求包括:

(1)质量体系的范围,包括任何删减的细节与合理性。

(2)为质量体系所编制的、形成文件的程序或对其引用。

(3)质量体系过程的相互作用的表述。

质量体系的范围包括两个方面:一是体系覆盖的申请认可的项目范围,二是指这些项目的检测/校准实现过程的范围。如果因行业或实验室的特点而对《认可准则》相关条款不适用,或有删减的话,手册中应作出说明,并证明其合理性。一般可在"前言"中描述删减的理由,使读者一目了然。如果只是个别小条款不适用,可在描述该条款时再表述删减的理由更合适,也没有必要在手册中占用一个条款号,写上"本条款不适用,列此条是为了与标准条款对应"。

手册是规定实验室质量体系的文件,因此,应是实验室质量体系策划的结果描述。实验室在建立、完善质量体系时,首先应明确顾客是谁,他们的需要又是什么,要把顾客的要求转化为对报告/证书的质量特性,确定自己的特色,有针对性地制订质量方针和目标。然后,分析报告/证书质量形成过程的各个环节,如何运转及使其受控的方法,包括为其提供支持的辅助性过程,以便达到质量目标的要求。应结合自身的特点画出本实验室的模式图,以及给本实验室所采取独特措施的具体规定。手册内容要求清楚、准确、全面、适用、易于理解,要求能覆盖《认可准则》的相关要求。

对手册的结构形式没有统一的格式要求,实验室可按最适合自己的方式表达,既可以按准则的条款顺序编写,也可按过程描述。有些过程还可以进一步细分以便操作,但过程(要素)能分解到什么程度,应取决于实验室的结构和运作方便,而不是《认可准则》的条款。

3. 程序文件的编写

程序的定义是:"为进行某项活动或过程所规定的途径"。程序这个概念的应用很广泛,因为从活动(或过程)的内涵来看,大到检测/校准的全过程,小至一个具体的作业都可称为一项活动,而活动所规定的方法(或途径)都可称为程序。对质量体系来说,不管是管理性的程序,还是技术性的程序,都要求形成文件。CNAL/AC01:2002 规定:"实验室应建立、实施和维持与其活动范围相适应的质量体系,应将其政策、制度、计划、程序和指导书制订成文件,并达到确保实验室检测/校准结果质量所需的程度"。程序不仅仅是实施一项活动的步骤和顺序,还包括对活动产生影响的各种因素。内容包括活动(或过程)的目的、范围,以及由谁做,在什么时间、地点做,怎样做以及其他相关的物质保障条件等。一个程序文件应对以上诸因素作出明确规定,也就是规定了活动(或过程)的方法。因此,在质量体系的建立和运行过程中,要通过程序文件的制订和实施,对质量体系的直接和间接质量活动进行连续恰当的控制,以此手段保证质量体系能持续有效地运行,最终达到实现实验室的质量方针和质量目标的目的。

程序文件是质量手册的支持性文件,是手册中原则性要求的展开与落实。因此,编写程序文件时,必须以手册为依据,要符合手册的规定与要求。程序文件应具有承上启下的功能,上承质量手册,下接作业文件,应能控制作业文件并把手册纲领性的规定具体落实到作业文件中去,从而为实现对报告/证书质量的有效控制创造条件。

程序文件应简明、易懂,其结构和内容包括以下5个方面。

目的:为什么要开展这项活动(或过程)。

范围:开展此项活动(或过程)所涉及的方面。

职责:由哪个部门或人员实施此项程序,明确其职责和权限。

工作流程:列出活动(或过程)顺序和细节,明确各环节的“输入—转换—输出”。即应明确活动(或过程)中资源、人员、信息和环节等方面应具备的条件,与其他活动(或过程)接口处的协调措施;明确每个环节的转换过程中各项因素由谁干,什么时间干,什么场合(或地方)干,干什么,为什么干,怎样干,如何控制及所要达到的要求,所需形成的记录、报告及相应签发手续。注明需要注意的任何例外或特殊情况,必要时辅以流程图。

引用文件和表格:开展此项活动(或过程)涉及的文件,引用标准/规程(规范)以及使用的表格等。

在质量体系文件中,程序文件是重要的组成部分,一般可包括下述内容:

(1)保密和保护所有权的程序;

(2)保证公正性的程序;

(3)文件控制程序;

(4)要求、标书与合同评审程序;

(5)服务与供应品采购程序;

(6)申诉(抱怨)处理程序;

(7)不符合工作的控制程序;

(8)纠正措施程序;

(9)预防措施程序;

(10)记录控制程序;

(11)内部审核程序;

(12)管理评审程序;

(13)人员培训管理程序;

(14)内务管理程序(必要时);

(15)检测/校准程序

(16)开展新方法(新工作)的评审程序(适用时);

(17)测量不确定度评定与表示程序;

(18)检测/校准方法的确认程序;

(19)自动化检测的质量控制程序;

(20)设备维护管理程序；

(21)期间核查程序；

(22)量值溯源(包括参考标准和标准物质的使用)程序；

(23)抽样程序；

(24)被测物品的处置程序；

(25)结果质量的保证控制程序；

(26)现场检测/校准的质量控制程序；

(27)报告证书管理程序。

此外,有些要素虽未提出程序要求,但都有控制要求,可能需要结合实验室特点编制相应程序文件,如分包控制程序等。上述所列27个程序也可根据实际情况加以删减,也可将几个程序合并,如纠正措施和预防措施程序合并为一个等,只要覆盖了标准的要求,都是可以接受的。

如果一个实验室在按17025标准建立体系前已有良好的管理基础,有一套行之有效的管理文件,可以将其纳入体系。为确保过程有效运行,实验室可自行决定所需文件的数量和类别。

4. 作业指导书的编写

所谓"作业指导书"是用以指导某个具体过程、事物所形成的技术性细节描述的可操作性文件。指导书要求制订得合理、详细、明了、可操作。实验室应关注以下四方面的作业指导书。

(1)方法类:用以指导检测/校准的过程[如标准规程(规范)的实施细则]。

(2)设备类:设备的使用、操作规范(如设备制造商提供的技术说明书不够明细等)。

(3)样品类:包括样品的准备、处置和制备规则。

(4)数据类:包括数据的有效位数、修约、异常数值的剔除以及结果测量不确定度的评定表征规范等。

作业指导书是技术性的文件,并不要求必须编写。在《认可准则》中明确指出:"如果国际的、区域的或国家的标准,或其他公认的规范已包含了如何进行检测/校准的管理和足够信息,并且这些标准是可以被实验室操作人员作为公开文件使用的方式书写时,则不需再进行补充或改写为内部程序。对方法中的可选择步骤,可能有必要制订附加细则或补充文件"。

如前所述,编制文件不是目的,可以把文件看作是过程运行所需的一种资源,它是确保过程有效策划、运作和控制所需要的。一般来说,文件是策划的结果,又是运作控制的具体要求和说明。如质量手册体现了质量体系策划的结果,内部审核程序能够指导内审的实施,方法确认程序可以保证所用新方法的正确可靠,各种作业指导书更是保证不同操作人员都能在一定的不确定度范围内得到相同的检测/校准结果。

5. 记录

记录是文件的一种,它更多用于提供检测/校准是否符合要求和体系有效运行的证据。

质量记录:如人员培训记录、承包方的质量记录、服务与供应品的采购记录、纠正和预防措施记录、内部审核与管理评审记录等。

技术记录:如环境控制记录,合同或协议、使用参考标准的控制记录,设备使用维护记录,样品的抽取、接收、制备、传递、留样记录,原始观测记录,检测/校准的报告/证书,结果验证活动记录,客户反馈意见等。

总之,凡是有程序要求的都要有记录。记录既然是检测/校准符合要求和体系有效运行的证据，实验室的全体员工就应养成“凡是执行过的工作必须有记录”的良好习惯。

五、质量体系的运行

1. 运行的依据

质量体系是根据“认可准则”的要求，结合本单位的实际情况建立的，并将其文件化至确保检测/校准服务质量的程度。所以，质量体系运行的依据主要就是质量体系文件。

质量体系文件是构成质量体系的一整套文件，包括实验室内部制订和来自外部的文件。质量体系文件既是质量体系存在的见证，又是质量体系运行的依据。

2. 运行的阶段

质量体系的运行，一般要经过宣贯、试运行、内部审核和管理评审、正式运行4个阶段。

1)宣贯

质量体系的文件化，主要是为了贯彻执行，确保检测/校准服务的质量，使客户满意，实现实验室的质量目标。“认可准则”明确指出：“体系文件应传达至有关人员，并被其理解、获取和执行”。为此，实验室的管理层必须组织质量体系文件的宣贯。一般来讲，这种宣贯可根据实验室的具体情况，分层次地进行。质量手册的宣贯，应针对全体人员，手册的主要精神、构成的基本要素，尤其是质量方针和目标，每个人都应清楚，以便贯彻执行。

程序文件的宣贯，可根据质量体系要素的职能分配，针对有关部门和人员分别进行，因为程序文件是“为进行某项活动或过程所规定的途径”，只要涉及到的部门和人员明确就可以了。

作业指导书的宣贯，则主要是针对与相应的具体工作有关的人员，特别是直接操作者，分别进行，因为作业指导书是描述某项活动或过程的技术细节、直接指导作业的文件。

至于质量体系文件中的记录、报告/证书等的宣贯，一般可结合上述文件的宣贯进行，因为它们都属于已完成的实际活动或所取得结果的证实性文件。

2)试运行

实验室的质量体系是根据“认可准则”的要求，结合本单位的实际情况建立的。尽管在质量体系的建立过程中，充分吸纳了过去的实践经验，但毕竟是一个新的管理模式，能否满足实际需要、是否能达到预期的效果，必须通过实践的考核、验证，这就是所谓的质量体系的试运行。根据实验室认可的实际情况，CNAL规定，实验室质量体系试运行的期限为半年。

3)内部审核和管理评审

质量体系试运行之后，便应进行一次集中的内部审核与管理评审，对质量体系的符合性、适应性和有效性作出客观的自我评价，以肯定成绩，发现存在的问题和潜在的问题，进而采取必要的纠正措施与预防措施，初步改进和完善质量体系，修订质量体系文件，为正式运行奠定基础。

应当指出，准则中要求的内审周期通常为一年，管理评审的典型周期为12个月，系指质量体系正常运行而言的。所以，质量体系试运行之后的内审与管理评审，可以说是一次必要的、全面的附加审核与评审，这也是CNAL为保证认可的质量而对申请认可实验室的一项要求。

4)正式运行

经过上述各阶段之后，实验室的质量体系便可正式运行。如欲通过实验室认可，此时便可向CNAL正式提交申报材料，并在3个月内接受CNAL的现场评审。

质量体系的正式运行，是实验室质量管理和技术运作的新起点，进而在实践中持续改进和完善,以满足客户的需求以及法定管理机构、认可准则和认可机构的要求,实现实验室的质量目标。

3. 有效运行的标志

需要指出,建立健全符合认可准则要求、适合本单位实际情况的质量体系,是其有效运行的重要前提。至于质量体系有效运行的标志,可归纳为以下6个方面。

(1)领导重视。领导重视是关键。领导必须以身作则,带头切实执行质量体系文件的规定,履行自己的职责,关注、监督、检查和改进质量体系的运行情况,指挥、控制、协调各项活动,营造一个良好的工作氛围,充分调动全体员工的积极性,为贯彻质量方针、实现质量目标而努力奋斗。

(2)全员参与。全员参与是基础。实验室全体员工是贯彻质量方针、实现质量目标的主体,只有全员参与、充分发挥所有成员的作用,使每个人的本职工作成为自觉自愿的行动,才能使人们发挥才干,为实验室创造更大的收益、获得更佳的效果。

(3)严格遵循文件并有完整记录。质量体系文件是一切活动的规范,必须严格遵照执行。也就是说,实验室的任何部门、任何人,都必须遵循质量体系文件的规定进行工作。换句话说,任何部门、任何人都必须"照章办事",而完成的活动、取得的结果,都必须有完整的记录。正所谓:"一切活动都要有文件依据,有文件就要切实执行,执行就要有完整记录"。

(4)所有影响质量的因素(过程)都处于受控状态。检测/校准的质量,关系到实验室的生存和发展,涉及管理、技术和支持服务等多种因素(过程),只有予以全面控制,才能确保质量。如果所有影响检测/校准质量的过程均处于受控状态,则可减少乃至消除可能出现的质量问题,达到所预期的最佳效果。

(5)快捷高效的反馈机制。一旦出现或可能出现质量问题,能迅速反馈、及时处理,必要时采取相应的纠正措施或预防措施,防止已发生的问题再次发生或可能发生的不致发生,从而体现了预防为主的思想。

(6)适时开展内部审核与管理评审。质量体系的内部审核与管理评审是质量体系不断改进、自我完善的重要举措。时代在前进、科技在发展、条件在改变,任何一个质量体系都不可能一成不变,都必须根据形势的变化而不断加以改进和完善,以适应内外环境,确保持续有效地运行。

第六章

内部审核

第一节　内部审核的基本要求

一、内部审核的依据

内部审核的依据一般应包括:实验室的质量管理体系文件,认可准则及其认可准则在特殊领域的应用说明,CNAL 其他认可要求等。实验室可以根据审核的目的不同,来决定审核的依据。

二、内部审核的基本要求

1. 内部审核的程序

应建立并保持实验室内部审核的书面程序。内部审核程序是实验室内部审核各项活动总的指导和规定,其内容通常包括:目的、范围、职责、内部审核的组织、内部审核的基本要求、内审员的确定与职责、内部审核计划、内部审核的基本步骤及方法和要求、内部审核结果的分析与记录、内部审核报告的编写、跟踪审核等。

2. 内部审核的要点

内部审核的目的是验证质量活动、技术运作与审核依据的符合性,确定质量管理体系的有效性、过程的可靠性,评价达到预期目标的程度,确认质量改进(包括纠正和预防)的机会和措施。每次内部审核应致力于对质量管理体系的运行提供客观的评价,并通过发现问题,不断改进,实现自我完善和自我发展,这也是衡量内部审核有效性的标志之一。

3. 内部审核计划

实验室应根据认可准则、质量管理体系文件的规定和所审核活动的实际情况,制订并实施内部审核年度计划(集中式和滚动式)和专项审核计划(每次审核的具体活动计划、跟踪审核计划、附加审核计划等)。内部审核应在规定时间内(周期通常为一年),覆盖所有过程和部门,对于关键过程或要素,必要时可增加审核频次。

4. 内审员

由于每个实验室的规模、业务领域各不相同,因此对内审员的要求也各有所异。一般来说,内审员应:

①经过认可准则、审核要求、审核方法、审核技巧方面的培训。

②熟悉本实验室的质量管理体系和技术运作。

③为人公正,善于观察,有良好的沟通能力。

只要资源允许，内审员应独立于被审核的部门和活动，即内审员应与受审部门和活动没有责任关系，以确保内部审核的独立性和公正性。

5. 内部审核的结果

内部审核结果应按要求整理、综合，形成内部审核报告，并按程序规定及时有效地传递和充分利用。实施内部审核所形成的文件，通常包括内部审核计划、检查表、现场审核记录、不符合项报告、内部审核报告、纠正措施验证报告等，应完整、规范，并归档保存。

6. 纠正措施

对审核中发现的问题应及时采取纠正措施，并实施跟踪审核，确保纠正措施的有效性。

第二节　内部审核的一般步骤

内部审核程序由实验室按照内部审核的基本要求和自身特点制订，流程应简明可行、严格完整、闭环运转。内部审核步骤通常包括审核策划、审核实施、审核报告和跟踪审核4个环节。

1. 内部审核的策划

表6-1是实验室内部审核的一般流程实例。实例除给出流程之外，还给出了每一过程的输入和输出，以及执行和验证部门。开展内部审核前应有一个策划过程，策划结果应形成书面文件，主要包括内部审核计划、审核组成员名单、审核用工作文件和资料(包括检查表)、通知审核的文件等。

内部审核流程　　表6-1

序号	输入信息	执行者或部门	程序流程图	验证者或部门	输出信息
1	年度计划	质管部	提出内审 ↓	质量主管	内部审核建议书
2	内部审核目的、范围、部门	质管部	成立内审组 ↓	质量主管	内审组成员名单
3	(要素)体系文件及年度计划	内审组长	制订内审计划 ↓	质管部	内部审核活动计划
4	体系文件，内审分工及要素职能分配表	内审员	编写检查表 ↓	内审组长	检查表
5	目的、范围、依据	内审组长	首次会议 ↓	质管部	组长及受审部门负责人发言稿
6	客观证据	内审员	审核发现 ↓	内审组长	审核发现
7	审核发现	内审员	开具不符合项报告 ↓	内审组长	不符合项报告
8	内部审核发现及结论	内审组长	末次会议 ↓	质管部	审核结论
9	不符合项报告、结论等	内审组长	编写内审报告 ↓	质量主管	内审报告
10	不符合项报告、内部审核报告	质管部	纠正措施 ↓	质量主管	纠正措施计划
11	纠正措施计划	内审员	跟踪审核 ↓	质管部	验证报告
12	纠正措施结果	资料室	文件修改记录归档 ↓	质管部	纠正措施记录和更改后的文件
13	内审报告、验证报告	质管部	管理评审输入	质量主管	管理评审

通过内部审核策划应做到：

①计划落实，包括审核计划批准，为内审组和被审核部门所充分了解。

②责任落实，包括建立内审组并明确分工，为审核部门做好准备。

③工作文件落实，包括编制检查表，所有文件均能有效应用。

1）制订内部审核计划

内部审核计划包括年度计划和专项审核活动计划。年度审核计划是审核策划的始端，也是总纲。实验室的年度审核计划内容可包括：审核目的和范围、审核依据、内审组成员及分工、主要审核活动的时间安排、首/末次会议时间等。专项审核活动计划一般可参考年度审核计划制订，只不过涉及的范围有限。

集中式年度内部审核工作计划的主要特点是：

①在某计划时间内安排集中式审核，每次审核针对全部适用要素、过程及相关部门。

②审核后的纠正措施和跟踪审核在限定时间内完成。

表6-2给出了集中式年度内部审核计划的示例。

年度内部审核计划（Ⅰ） 表6-2

审核目的	评价质量管理体系运行的符合性			
审核范围	实验室最高管理层、质管部、业务部、样品室、检测一室、检测二室、设备室、档案室			
审核依据	CNAL认可准则（ISO/IEC 17025）、认可规则/政策、实验室质量管理体系文件			
审核组	审核组长： 第一小组组长： 第二小组组长： 第三小组组长：	副组长： 组员： 组员： 组员：		
序号	实施项目	时间安排	负责人	协助人
1	编制内部审核检查表	5月上旬		各内审员
2	质量管理体系文件审核	5月下旬		
3	集中内部审核	6月上旬(3d)		
4	不符合纠正/纠正措施	7月上旬	各部门负责人	
5	跟踪审核	7月中旬		
6	管理评审	8月上旬	最高管理者	
备注	审核组长应由质量主管担任			

2）编制检查表

检查表是审核前需准备的一个重要工作文件。为提高审核的效率，内审员应根据分工准备现场审核用的检查表。检查表内容的多少，取决于被审核部门的工作范围、职能、抽样方案及审核要求和方法。

（1）检查表的类型

①过程（或要素）检查表。

这是一种按照认可准则条款编制的检查表，其关键是选择部门和分清主次。如编制检测/校准实现过程的检查表，主要部门是检测/校准部门，相关部门是业务部、样品室和设备室等。采用过程（或要素）检查表，优点是审核有深度，易发现体系“接口”问题；缺点是易造成被审核部门的重复。

以资源配置过程为例,资源是实验室通过建立质量管理体系及技术运作过程而实现质量方针和质量目标的必要条件,实验室应根据自身的特点和规模确定所需要的资源。所涉及的主要岗位是最高管理者、技术管理层,相关部门是业务部、设备室和质管部。

表6-3 给出了按过程编制的检查表示例(节选)。

过程检查表(节选)

表6-3

<table>
<tr><td>编制人</td><td></td><td>编制日期</td><td colspan="3"></td></tr>
<tr><td>审核过程</td><td>资源配置</td><td>预计时间</td><td>7h</td><td>陪同人</td><td></td></tr>
<tr><td>被审核部门</td><td colspan="5">实验室领导层、业务部、设备室、质管部</td></tr>
<tr><td>条款</td><td>检查内容</td><td colspan="2">检查方法</td><td>审核记录</td><td>审核发现</td></tr>
<tr><td rowspan="9">《认可准则》中的对应条款号</td><td>为实施、保持、改进质量管理体系和技术运作,达到客户满意,实验室是否提供了所需资源</td><td colspan="2">查人员一览表、设备一览表,并对照规范检查环境条件,看人力、物力、环境设施是否到位</td><td></td><td></td></tr>
<tr><td>是否明确技术管理层对确保运作质量所需的资源负责</td><td colspan="2">检查技术管理层的岗位职责、实际运作是否由技术管理层规划资源配置</td><td></td><td></td></tr>
<tr><td>管理人员、技术人员所需资源是否充分适宜,能否履行其职责</td><td colspan="2">检查业务部、设备室、质管部的资源配备是否与其岗位需要相应</td><td></td><td></td></tr>
<tr><td>实验室各关键岗位的任务、性质及要求是否确定,是否根据岗位职责要求的能力安排人员</td><td colspan="2">检查质量手册中的岗位责任制、关键岗位是否落实,实际执行与规定是否一致</td><td></td><td></td></tr>
<tr><td>是否对在培人员安排了适当监督</td><td colspan="2">有无监督员、检查监督记录</td><td></td><td></td></tr>
<tr><td>是否从教育、培训、技能和经历等方面对从事特定工作人员的能力进行了资格确认</td><td colspan="2">检查上岗考核记录</td><td></td><td></td></tr>
<tr><td>领导层是否制订了员工的教育、培训和技能等素质目标</td><td colspan="2">质量目标是否分解落实到每个岗位,检查有无人员素质要求</td><td></td><td></td></tr>
<tr><td>实验室是否有员工培训的政策和程序</td><td colspan="2">检查培训程序及其内容</td><td></td><td></td></tr>
<tr><td>有无培训计划,计划是否适应于实验室当前和未来工作的需要</td><td colspan="2">检查实验室的长期和年度培训计划以及落实情况,效果如何</td><td></td><td></td></tr>
</table>

②部门检查表。

按部门编制检查表,关键是选择过程或要素并分清主次。采用部门检查表,优点是审核有广度,部门不重复,但缺乏深度。表6-4 给出了部门检查表的示例(节选)。

<table>
<caption>部门检查表(节选)　表6-4</caption>
<tr><td>编制人</td><td></td><td>陪同人</td><td></td><td>编制日期</td><td></td></tr>
<tr><td>受审核部门</td><td>设备室</td><td>审核地点</td><td>设备室</td><td>预计时间</td><td></td></tr>
<tr><td>审核要素</td><td colspan="5">主管要素:
强相关要素:
相关要素:</td></tr>
<tr><td>条款</td><td>检查内容</td><td colspan="2">检查方法</td><td>审核记录</td><td>审核发现</td></tr>
<tr><td rowspan="10">《认可准则》中的对应条款号</td><td>设备室的质量管理体系文件有哪些</td><td colspan="2">检查质量手册及相关体系文件</td><td></td><td></td></tr>
<tr><td>设备室的相关岗位怎样运作就体现了质量方针和目标的要求</td><td colspan="2">询问设备室员工是怎样将总的方针和目标分解到本职岗位的</td><td></td><td></td></tr>
<tr><td>设备室是否制订有自身的质量分目标,所建分目标是否在方针框架下制订并是总目标的一部分</td><td colspan="2">询问设备室主任室的分目标是什么,并与总目标相比较</td><td></td><td></td></tr>
<tr><td>是否按文件控制程序要求建立了文件收发制度</td><td colspan="2">检查设备室文件收发记录</td><td></td><td></td></tr>
<tr><td>相关外来文件是否有标识,分发是否受控</td><td colspan="2">抽阅相关外来文件,查看是否按要求进行了控制</td><td></td><td></td></tr>
<tr><td>相关文件是否现行有效,便于查阅</td><td colspan="2">查阅相关文件,看是否现行有效,是否易于查阅</td><td></td><td></td></tr>
<tr><td>合同评审中设备室起什么作用</td><td colspan="2">询问设备室主任,每次合同评审在保证实验室物质资源上,设备室承担什么职责</td><td></td><td></td></tr>
<tr><td>在设备及其零部件采购时,设备室需提供什么采购文件,其内容如何确定,由谁审批</td><td colspan="2">检查采购文件及其内容是否符合要求,其中的技术内容是否经过审批</td><td></td><td></td></tr>
<tr><td>设备室怎样配合检测室对采购物品进行验收</td><td colspan="2">检查采购物品的验收记录</td><td></td><td></td></tr>
<tr><td>是否保留有供应商名录</td><td colspan="2">检查供应商名录,抽查采购是否按规定进行</td><td></td><td></td></tr>
</table>

(2)检查表的编制要求

①内审员在编制检查表前,应掌握各部门质量职能分配情况。

②内部审核应以本实验室的质量管理体系文件为主要依据编制检查表。

③应选择典型的、关键的质量问题,特别注意过程的接口。

④应突出被审核对象的主要职能,并选出有代表性的样品,点面结合。

⑤应突出重点,照顾一般,检查表应详略得当。

⑥应有可操作性,检查项目要具体,检查方法要实用,如通过选抽什么样本、问什么问题、观察什么活动而获得客观证据等。

(3)检查表的作用

①使审核目标始终保持明确。检查表应列出与审核目的有关的项目和要点，以确保审核覆盖面的完整和代表性。

②紧扣审核主题，确保审核计划和审核进度的实现。

③提高审核效率，减少重复或不必要的工作量。

④确定审核思路和审核策略：突出重点，照顾一般，提高审核的系统性和有效性。

⑤作为内部审核的重要资料存档。有时检查表同时留出栏目记载审核情况，兼起记录的作用，则更有保存的必要。

⑥树立内审员的良好形象。有了检查表，使评审过程有的放矢，抽样有针对性和代表性，工作有条理性，树立内审员精干、高效的工作形象。

2. 通知审核

审核前应通知被审核部门，通知内容包括内审组成员、审核时间安排等。内部审核应按计划和程序规定进行，一般不搞突然性审核。提前通知被审核部门的目的是让他们做好充分准备。在内部审核之前，各部门可对照相关文件进行自查整改，有利于推动实验室的内部改进，促进审核双方的协调配合。

第三节　内部审核的实施

一、审核实施的基本内容

审核实施以首次会议开始，根据审核计划的安排，内审员进入现场检查、核实；在现场审核中，内审员运用各种审核策略和技巧，把收集到的客观证据适时记入“现场审核记录表”或检查表留出的记录栏；经过整理分析和判断，与审核依据对照评价，得出审核发现，并经被审核方负责人确认不符合事实后开具不符合项报告，汇总后得出审核结论；最后以末次会议结束现场审核。

二、首次会议

首次会议是实施审核的始端，是内审组全体成员与被审方领导及相关人员共同参加的会议。首次会议由内审组长主持，向被审核方介绍审核的具体内容及方法，并协调、澄清有关问题，到会人员应签到。内部审核的首次会议可以很简单，但此环节仍必须保留。

首次会议的内容：

①申明内部审核的目的和范围，明确审核依据、审核将涉及的部门和岗位。

②明确内部审核计划及日程安排，征得被审核方的最后确认。

③强调审核原则，阐明公正客观的立场。说明审核是一个抽样过程，有一定局限性，但尽可能抽取有代表性样本，使审核结论公正客观；说明相互配合是内部审核顺利进行和获得公正结论的重要条件，提出并落实审核的有关要求。

④简明澄清有关问题，交流双方关心的具体问题。

⑤建立内审组与被审核方的正式联系，明确审核的陪同人员。

三、现场审核

现场审核应按计划安排进行，具体审核内容应按准备好的检查表进行。现场审核是运用抽样方法寻求客观证据的过程，在此过程中，内审员的个人素质和审核技巧可以得到充分发挥。一个称职的内审员能够在轻松和融洽的合作气氛下完成审核任务。

现场审核在整个内部审核中占有非常重要的位置。内部审核工作的大部分时间是花在现场审核上的，最后的内审报告也是依据现场审核的结果形成的，因此对现场审核的控制以及审核技巧的应用就成为审核成功的关键因素。

1. 现场审核的原则

现场审核时，内审员应坚持以下原则，确保内部审核的顺利进行。

(1)坚持以客观证据为依据的原则。

这是最基本的审核原则。没有客观证据而获取的任何信息都不能作为审核结论的依据；客观证据必须以事实为基础，且经过验证，不含有任何个人的猜想、推理的成分；客观证据必须是有效的，所提供的文件和记录应是质量管理体系实际运行的结果，应反映当前质量管理体系运行的真实状态。

(2)坚持客观证据与审核依据核对的原则。

审核不能脱离审核依据。因为审核是一个抽样过程，并限制在某个时间段某个范围内进行，所以更需要紧扣主题，严格对照依据，确定审核项目、要点和抽样方案，寻找客观证据。内审员应在客观证据与审核依据比较核对后才能得出符合与不符合的结论。

(3)坚持独立、公正的原则。

做出审核判断时应坚决排除其他干扰因素，包括来自被审核方的、内审员感情上的等等影响判断独立性和公正性的因素，自始至终保持审核判断的独立性和公正性。

2. 客观证据的收集

内审员必须把精力放在收集客观证据上面。为此，首先应明确什么是客观证据，按照 ISO 9000:2000 的定义，客观证据是“支持事物存在或其真实性的数据，客观证据可通过观察、测量、试验或其他手段获得”。

(1)客观证据的收集方式。

①与被审核方人员的面谈。

②查阅文件和记录。

③现场观察与核查。

④对实际活动及结果的验证。

⑤数据的汇总、分析，图表和业绩指标。

⑥来自其他方面的报告，如顾客反馈等。

(2)客观证据的形式。

①存在的客观事实可以成为客观证据，而主观分析、推断、臆测的信息不能作为客观证据。

②被访问的、对该项质量活动负有责任人员的陈述可以成为客观证据，传闻、陪同人员或其他与被审核的质量活动无关人员的谈话不能成为客观证据。

③现行有效的质量管理体系文件中的规定和质量记录，可以证明当时发生的质量活动的客观证据，而作废的文件规定和擅自修改过的记录不能成为证明当时发生的质量活动的客观证据。

3. 现场审核记录

在提问、验证、观察中，内审员应做好记录，记下审核中听到、看到的有用的真实信息，这些记录是内审员得出审核结论的真实凭据。

(1)记录的作用。

①作为编制不符合项报告和审核报告的依据；

②作为备忘、核实的依据；

③作为查阅、追溯的参考。

(2)记录的要求。

①记录应清楚、全面、易懂，便于查阅、追溯；

②记录应准确、具体，如文件名称、合同号、记录编号、设备编号、原始记录和报告/证书号、陈述人和工作岗位等；

③记录应及时，当场记，避免事后回忆追记。

记录的格式没有统一规定，这取决于实验室内部审核程序中的具体规定。可以填入“现场审核记录表”中，也可在检查表中留出的记录栏目中，但应做到规范和便于保存。

4. 审核证据与审核发现

对所收集到的客观证据应进行整理、分析、筛选，在此基础上得出审核证据。对所收集的审核证据，内审组应根据审核依据进行客观评价，形成审核发现。审核发现可以是符合或不符合，内审组应在末次会议前对其进行评价，得出审核结论。

审核时应及时将审核发现，特别是不符合项与受审方沟通、反馈，并得到理解和对事实证据的确认。双方应力求解决对有关事实存在的意见分歧，若未能达成一致意见，则应予以记录。

5. 现场审核策略及基本技巧

现场审核策略是内审员在现场时为及时收集到充分的、适用的客观证据而采取的审核路线和方法。审核策略可根据不同的审核目的、要求、对象和实际情况来选用。运用的有效性，主要取决于内审员的个人素质、经验和技巧。一般经常采用的方法有下列三种：

(1)自上而下或自下而上的方法。

所谓“自上而下”是指先到信息量比较集中的部门了解总的情况，再到使用的各部门去调查。例如审核“文件控制”时，内审员先到文件控制部门查阅受控文件的总目录，在总目录中应有文件的编号、最新版次、编制部门、发送到的使用部门等信息。可在总目录中选择若干样本，再到使用部门去检查，看现场使用的文件是否是现行有效的版本，作废版本是否已从现场撤走，文件的修改是否符合程序文件的规定等。

所谓“自下而上”是先到许多部门调查，然后到某个集中管理的部门去审核。如对检测设备的检查，内审员先在各检测室或设备使用的其他现场进行核查，选择一批设备作为样本，再到设备室去了解这些设备的档案及校准状况。

有时“自上而下”和“自下而上”的路线和审核方法需要相互结合，交叉进行，才能达到审核的目的。

(2)正向和逆向的审核方法。

所谓“正向”是指按检测/校准实现的形成过程，从合同评审开始到报告/证书的编制的顺序去审核，即从始端查到过程的终端；所谓“逆向”则路线正好相反，即从终端查到始端。当客户对报告/证书中的结果提出异议时，往往采用逆向审核法。

(3)按过程(要素)审核或按部门审核方法。

内部审核应覆盖质量管理体系的全部要素，包括检测/校准活动，即有关的过程(要素)和部门都要审核到。内部审核的周期通常为一年。但按过程(要素)审核时，往往一个过程(要素)会涉及许多部门，内审组要检查许多部门才能完成一个过程(要素)的审核，且每个部门要接受多次审核才算完成了受审核任务。这种方法不仅效率低,还影响各部门正常业务的开展,只有在集中式内审时才采用。在正常滚动式内部审核中,往往按部门审核更为实用。按部门审核时,内审组对该部门涉及的各个过程和要素一次审核清楚,不必要反复走访,比较受被审核部门的欢迎。但即使按部门审核,最后也还要按过程(要素)将各部门审核结果集中整理,得出对质量管理体系运行状况的最终结论。

至于现场审核的技巧,包括沟通的技巧、面谈的技巧、提问的技巧、验证的技巧,每个内审员都有自己的风格,不必强求一致。

6. 现场审核的控制

现场审核总体控制应由内审组长负责。但现场审核中每名内审员应把握以下要点:

(1)忠于审核目的。

内部审核从策划开始到提交内部审核报告结束,自始至终都应忠实于审核目的,特别是在现场审核时,可能会有各种干扰,稍不注意就会使审核偏离原定轨道。内审员应保持清醒头脑,坚定地按照计划安排和检查表进行审核。如果发现特殊情况,需改变审核计划时,要及时向组长汇报,并征得同意。内审组长在组织审核过程中,应随时掌握动态,把握方向,认准目标,发现偏离及时调整。

(2)控制审核的全过程。

所谓控制,主要控制以下环节:

①执行审核计划。计划是经内审组和被审核方双方同意的,不宜轻易改动。如确因某些原因而不得不修改时,应事先与被审核方认真研究后再决定。内部审核以年度计划为依据,修改年度计划要由质量主管批准,对实施的审核计划修改,也要按一定程序进行。

②控制审核进度。在计划不变的情况下,进度应加以控制,不能拖延,尤其是按过程(要素)审核时,往往涉及多个部门,在一个部门拖延了就会影响下一个部门。所以,组长应要求内审员按审核活动计划和检查表掌握进度,如确实需调整进度,也要尽量设法补救。如原是2人一组,此时可改为1人一组,分头对以后的部门进行审核。

③控制审核气氛。由于被审核部门处于被提问、被审查的地位,可能有时会产生某种对抗情绪,甚至发生争吵,使气氛紧张,这时内审员应善于缓和并控制气氛,使审核始终在一个比较宽松的环境下进行。

④保证客观性。这是指在判断不符合时,应对调查所获证据的客观性反复研究,力求结论的客观与公正。组长还应随时提醒内审员努力保持客观态度,不要以主观估计、猜测或推论来代替客观证据。

⑤得出准确的审核结论。做出审核结论前,组长应组织全体组员讨论审核结论,保证审核结论的客观性、公正性和适宜性,避免做出不恰当的结论。

(3)选择样本应有代表性。

内审员在审核过程中的抽样应注意以下两点:一是抽取哪些样本应由内审员自己决定,而不要由被审核方自己选送,以确保抽样的有效性;二是抽取的样本要有代表性。虽然在检查表中已规定抽多少样本,但具体抽什么样本最好在现场由内审员随机抽取,而不是事先规定得十分具体。重要的质量活动样本要多抽一些,样本量一般在3~12之间。

(4)要遵照检查表。

在策划阶段,检查表是精心设计的,且经组长审查过,内审员间也做过协调,所以内部审核过程中不要轻易偏离而另提问题、另选样本。当然,也不能过分受检查表约束,必要时也可调整,但要谨慎,以免不能达到规定的审核目标。

(5)当发现不符合时,应调查到必要的深度。

内部审核中若发现有不符合项,为了确定该不符合项是普遍存在的、系统性的,还是偶然出现的,就应加深调查的深度,适当扩大检查样本,以获得更全面、更确凿的客观证据。

(6)与被审核方负责人共同确认事实。

发现不符合项后,应尽可能取得被审核方负责人对事实的确认,并同意采取纠正/纠正措施。若被审核方不同意内审员观点,而拒绝在不符合项报告上签字时,内审员应耐心说明所得证据的真实性和完整性。除非被审核方出示证据,推翻了内审员的结论,否则内审员不应轻易撤销不符合项。如果双方各执己见,就需请质量主管仲裁,但一个好的内审员不应一有问题就把矛盾上交,而应认真取证,耐心说服被审核方。

四、不符合项报告

不符合项报告是对现场审核得到的实验室质量管理体系的运作不满足审核依据,并经被审核方确认的对不符合项的陈述。不符合项报告是审核报告的一部分,是内审组提交给实验室和被审核方的正式文件。

1. 不符合项的类型

内部审核中遇到的不符合各式各样,从性质上可将它们分为以下3类。

(1)质量管理体系文件方面的不符合。

质量管理体系文件方面的不符合是指体系文件的制订与审核依据的要求不符,或是审核依据要求制订的文件没有制订,或是由于对审核依据理解不到位而使文件要求发生偏离。

(2)质量管理体系实施运行方面的不符合。

质量管理体系实施运行方面的不符合是指文件的制订符合要求,但员工未按文件的要求执行。例如,文件规定原始记录应在工作时予以记录(即不能追记),但实际上每次检测的数据都是做完实验后再追记到原始记录表格上。

(3)质量管理体系实施效果方面的不符合。

质量管理体系实施效果方面的不符合是指文件的制订符合要求,并且执行了,但由于偶然因素的影响或实施不够认真等原因,而没有取得应有的效果。

内部审核的不符合一般不按严重、一般或轻微划分。可将各类问题按重要程度排列,并把影响质量管理体系运行有效性的重要问题在审核报告中特别指出,以引起重视。

还有一类问题,虽未构成不符合,但有可能发展成不符合,或有些证据虽不足,但存在问题,需要提醒实验室注意。这类问题可作为“观察项”,最好以书面形成向被审核方提出,以引起被审核方的重视。

2. 不符合项报告的编写

(1)不符合项报告的内容。

不符合项报告一般包括如下内容:被审核部门和负责人、内审员姓名、审核日期、审核依据、不符合事实陈述、拟采取的纠正措施及预定完成时间、纠正措施的完成情况和跟踪验证结果。其中纠正措施的完成情况及验证均不是现场审核过程中的内容,属于内部审核的后续工作。

在现场审核过程中,编写“不符合项报告”,是审核记录中的一项重要内容。表6-5给出了不符合项报告格式的实例。

不符合项报告 表6-5

<table>
<tr><td>被审核部门</td><td></td><td>陪同人</td><td></td></tr>
<tr><td>审核依据文件</td><td colspan="3"></td></tr>
<tr><td colspan="4">不符合事实陈述：
上述事实构成不符合项，与规定不符。

内审员：　日期：</td></tr>
<tr><td colspan="4">被审核方确认意见：

被审核方：　日期：</td></tr>
<tr><td colspan="4">拟采取的纠正措施及完成时间：

被审核方：　日期：　内审员：　日期：</td></tr>
<tr><td colspan="4">纠正措施完成情况：

被审核方：　日期：</td></tr>
<tr><td colspan="4">纠正措施验证情况：

验证人：　日期：</td></tr>
</table>

应当指出：

①这里的不符合项报告包含了纠正措施的有关内容，确切地说，应是不符合项及纠正措施报告。由于是内部审核，为了简化而将两者合二为一。当然，不符合项与纠正措施亦可分别报告。

②报告中“拟采取的纠正措施及完成时间”栏，必要时可能要增加“领导审批”项。比如，某些涉及人员、设备、环境条件等耗资较大的纠正措施，被审核部门无力自行完成，便需要请领导审批方能解决。

(2)编制不符合项报告的注意事项。

①不符合事实陈述应力求具体、可追溯，不会引起被审核方的异议；不符合事实发生的时间、地点、操作人等要给出详细描述，如文件、记录编号、设备名称和设备标识等；不符合事实所

对应的审核依据条款要判断准确，并给出条款号。

②所有不符合事实均应得到被审核方的确认。

③开具不符合项报告时，不能感情用事，不能用形容、夸张的语言描述，不能任意扩大不符合的事实范围，不能以自己的想法作为不符合判断的依据。

④开具不符合项报告后，必须考虑造成不符合的根本原因、应采取的纠正措施以及如何跟踪验证。

(3)审核发现的汇总分析。

有了若干份不符合项报告，还不能在末次会议上对审核结果发表结论性意见，还必须对审核的发现作一次汇总分析。如果内部审核组有几名内审员，组长应在末次会议前召开一次内部审核组全体会议，对审核发现作汇总分析，以便对被审核方的工作作出总体评价。汇总分析应考虑：

①从发现的不符合项入手。如果内部审核是针对一个部门，则应列出其不符合项涉及哪些要素，其中哪些要素最多或最严重；如果内部审核是针对某一过程（或要素）进行的，则应列出此过程（要素）的不符合项出现在哪个部门，其中哪个部门最多。有了这些数据，大致可以找出该部门或过程（要素）的薄弱环节。

②从发展的历史和趋势来分析，可将上次内部审核时发现的不符合项的构成与本次进行比较。从对上次内部审核纠正措施完成情况及有效性分析可看出内部审核的有效性，并进一步分析质量管理体系的运行趋势。

③总结被审核方工作中的优点。内部审核不能只说缺点，不谈优点，如确有好的经验，还可推广到其他部门。

在汇总分析的基础上，可对审核结果作出结论。这些汇总分析意见和审核结论应在末次会议之前与被审核方领导沟通，征求他们的意见，力求认识一致。

五、末次会议

现场审核以末次会议结束，由内审组、被审核方领导及有关职能部门负责人参加。

1. 末次会议的目的

①向受审方介绍内部审核的总体情况，使之清楚了解审核结果。

②报告审核发现（重点是不符合项）和审核结论。

③提出后续工作要求（纠正措施、跟踪审核等）。

④澄清或回答被审核方提出的问题。

2. 末次会议的内容

(1)与会者签到。

(2)内审组长重申内部审核的目的和范围。

(3)强调审核的局限性（抽样有风险）。

(4)宣读不符合项报告，并提交书面不符合项报告。

(5)提出纠正措施要求、完成时限、验证方法。

(6)宣读审核结论，适当时，提出改进的建议。

(7)说明内部审核报告的发布时间、方式及其他后续工作要求。

(8)被审核方领导表态，并对完成纠正措施作出承诺。

(9)内审组长代表内审组对被审核方在现场审核期间所给予的支持和配合表示感谢。

第四节　内部审核报告

内部审核报告是内审组结束现场审核后必须编制的一份文件。审核报告由内审组长在规定期限内,以正式文件的方式提交质量主管,审核报告提交后,内部审核即告结束。

审核报告是对审核中的审核发现所做的统计、分析、归纳和评价。报告应规范化、具体化,要统计分析不符合项,对审核对象的质量管理体系和技术运作及结果进行综合评价,与被审核方共同制订纠正措施计划和实施要求。提交报告前,应与被审核方领导达成原则上一致意见,然后提交质量主管审核批准,分发有关部门。

1. 报告的内容

内审组长对审核报告的编制、准确性和完整性负责,报告通常包括以下内容:

(1)审核目的和范围。

(2)内审组成员和被审核部门名称及负责人。

(3)审核日期及审核实施情况。

(4)审核依据。

(5)不符合项的统计分析。

(6)对被审核方质量管理体系运行状况的综合评价。应客观、公正、合理地对被审核方的质量管理体系和技术运作进行整体评价,肯定优点,指出不足,作出审核结论。

(7)前次内部审核后纠正措施的执行情况及效果的验证情况,指出本次纠正措施的要求。

(8)质量主管对审核报告的意见以及审核报告的发放范围。

(9)不符合项报告和其他必要的相关资料可作为审核报告附件。

2. 审核报告中的审核结论

审核报告应对以下几个方面作出结论:

(1)在审核范围内,质量管理体系和技术运作是否符合审核依据的要求。

(2)在审核范围内,质量管理体系和技术运作是否得到有效的实施。

(3)质量方针的贯彻情况及质量目标的实现有效程度。

(4)实验室是否有充分的技术能力提供相应的检测/校准服务。

3. 纠正、预防和改进措施的要求

内部审核是管理工具,重点是推动内部改进,因此提出纠正、预防和改进措施及要求应成为审核的一项重要任务,也是审核报告的重要内容。

1)措施的提出

提出并实施纠正、预防和改进措施是内部审核的工作重点。措施的提出是内审组与被审核方共同的责任,内审员有义务提出建议,这正是内部审核与外部审核的区别所在。

2)措施的评价

措施提出后应进行评价,目的是确保措施实施的有效性。对措施的评价应满足如下要求:

(1)针对性强,具体可操作,时间、分工要求合理、明确。

(2)便于实施,能经济有效地解决问题,不会产生其他负面效应。

(3)解决问题有一定深度,能较好地消除和预防问题的发生。

4. 内部审核报告的格式

内部审核报告无统一格式,由实验室自行规定和设计,但报告格式应规范、紧凑,突出重点,照顾一般。

附件Ⅰ　公路水运工程试验检测机构等级评定申请书

公路水运工程试验检测机构等级评定申请书

申请机构名称:(章)

申请等级/换证/增项:

申请日期:年　　月　　日

交通部基本建设质量监督总站制

填 表 须 知

1. 本表统一采用 A4 尺寸纸张,内容必须打印,检测机构对填表内容的真实、可靠性负责。

2. 本表可复印,填写的内容受表格限制时,可按本表格格式增加附页,但须连同正页编第几页,共几页。

3. “所属法人机构”指的是检测机构不是独立法人其所属的法人机构。若为独立法人的此项不填。

4. 本《申请书》所选“□”内打“√”。

5. 检测机构主要负责人简历栏:分别填写检测机构行政、技术和质量负责人简历。

6. 本《申请书》适用等级评定、换证、增项的申请。

一、试验检测机构综合情况

<table>
<tr><td>机构名称</td><td colspan="8"></td></tr>
<tr><td>机构性质</td><td colspan="8">□社团法人　□事业法人　□企业法人　□其他</td></tr>
<tr><td>联系地址</td><td colspan="5"></td><td colspan="2">邮编</td><td></td></tr>
<tr><td>联系电话</td><td colspan="2"></td><td>传真</td><td colspan="2"></td><td colspan="2">E-mail</td><td></td></tr>
<tr><td>所属法人机构名称及法人代表</td><td colspan="8"></td></tr>
<tr><td>所属法人机构性质</td><td colspan="8">□社团法人　□事业法人　□企业法人　□其他</td></tr>
<tr><td>联系地址</td><td colspan="5"></td><td colspan="2">邮编</td><td></td></tr>
<tr><td>联系电话</td><td colspan="2"></td><td>传真</td><td colspan="2"></td><td colspan="2">E-mail</td><td></td></tr>
<tr><td>法定代表人或机构行政负责人</td><td colspan="2"></td><td>电话</td><td colspan="2"></td><td colspan="2">手机</td><td></td></tr>
<tr><td>营业执照</td><td colspan="3"></td><td colspan="3">开户银行及账号</td><td colspan="2"></td></tr>
<tr><td rowspan="8">人员情况</td><td colspan="2">持试验检测人员证书总人数</td><td colspan="2"></td><td colspan="2">持试验检测工程师证书人数</td><td colspan="2"></td></tr>
<tr><td colspan="2">相关专业高级职称人数</td><td colspan="2"></td><td colspan="2">试验检测用房总面积(m²)</td><td colspan="2"></td></tr>
<tr><td colspan="8">行政、技术和质量负责人</td></tr>
<tr><td>姓名</td><td>性别</td><td>出生日期</td><td>职务</td><td>职称</td><td>专业</td><td>从事试验检测年限</td><td>检测人员证书编号</td></tr>
<tr><td></td><td></td><td></td><td></td><td></td><td></td><td></td><td></td></tr>
<tr><td></td><td></td><td></td><td></td><td></td><td></td><td></td><td></td></tr>
<tr><td></td><td></td><td></td><td></td><td></td><td></td><td></td><td></td></tr>
<tr><td></td><td></td><td></td><td></td><td></td><td></td><td></td><td></td></tr>
<tr><td colspan="3">申请类型</td><td colspan="6">□评定　□换证　□增项</td></tr>
<tr><td colspan="3">已有等级类型</td><td colspan="6"></td></tr>
<tr><td colspan="3">新申报等级类型</td><td colspan="6"></td></tr>
<tr><td colspan="3">认证/认可情况
(认证/认可部门/时间/证号)</td><td colspan="6"></td></tr>
</table>

二、申请试验检测业务范围表

第　　页共　　页

序号	试验检测参数	采用的试验检测方法和标准 （名称/编号）	所用主要仪器设备名称	设备编号	主要操作人员	备注

注：1. 填写时应按公路水运工程试验检测机构等级标准中所列试验检测项目及参数顺序填写。

2. 增项申报只填写增加部分。

三、组织机构框图

（略）

注：1. 独立法人的画出本试验检测机构内、外（行政或业务指导）部关系。

2. 非独立法人的画出本试验检测机构在母体法人中所处位置、所有（人事、财务、后勤保障）二级机构及内、外部关系。

3. 直接关系用实线连接，间接关系用虚线连接。

四、试验检测机构主要负责人简历

<table>
<tr><td>姓名</td><td></td><td>性别</td><td colspan="2"></td><td colspan="2">出生日期</td><td colspan="2"></td><td rowspan="4">照片</td></tr>
<tr><td>学历</td><td></td><td>职称</td><td colspan="2"></td><td colspan="3">从事试验检测工作年限</td><td></td></tr>
<tr><td colspan="3">毕业院校、专业、时间</td><td colspan="6"></td></tr>
<tr><td colspan="3">职务</td><td colspan="2"></td><td colspan="3">检测人员证书编号</td><td></td></tr>
<tr><td>业务专长</td><td colspan="9"></td></tr>
<tr><td>本人主要工作经历和试验检测业绩</td><td colspan="9">本人签名：</td></tr>
</table>

注：主要负责人指机构负责人、技术负责人、质量负责人。

五、在岗人员一览表

序号	姓名	性别	出生年月	岗位职务、任职部门	学历和专业	职称	检测人员证书编号	从事试验检测年限

六、试验检测仪器设备一览表

序号	设备编号	设备名称	型号规格	生产厂家	购置日期	单价(元)	量程或规格	准确度	检定/校准周期	检定/校准单位	最近检定/校准日期	保管人	备注

注:1. 填写时应按公路水运工程试验检测机构等级标准中所列仪器设备顺序填写。

2. 增项申报只填写增加部分。

七、核查意见

<table>
<tr><td>主管单位意见：

（公章）
年　　月　　日</td></tr>
<tr><td>所在地省级质监机构核查意见：

（公章）
年　　月　　日</td></tr>
<tr><td>评定结果：

（公章）
年　　月　　日</td></tr>
<tr><td>备注：

</td></tr>
</table>

附件Ⅱ　公路水运工程试验检测机构等级评定表

附件Ⅱ-1

公路水运工程试验检测机构等级评定
申请补正通知书

编号：

__________：

你单位于　　年　　月　　日提出申请。

根据《公路水运工程试验检测管理办法》，请对申请材料在20天内作出补正，逾期视为撤销申请。补正内容如下：

特此通知。

（印章）

年　　月　　日

附件Ⅱ-2

公路水运工程试验检测机构等级评定
现场评审通知书

编号：

__________：

你单位于　　年　　月　　日提出申请。

经初审合格，根据《公路水运工程试验检测管理办法》，决定于　　年　　月　　日至　　年　　月　　日进行现场评审。请提前做好现场评审准备工作，配合现场专家评审组做好现场评审工作。

特此通知。

（印章）

年　　月　　日

附件Ⅱ-3

公路水运工程试验检测机构
等级评定决定书

编号：

＿＿＿＿＿：

你单位于　　年　　月　　日提出申请。经审查，符合《公路水运工程试验检测管理办法》规定的条件、标准，被评定为　　等级，准予按照《等级证书》核定的业务和从业范围从事公路水运工程试验检测活动。

（印章）

年　　月　　日

附件Ⅱ-4

公路水运工程试验检测机构
等级评定整改通知书

编号：

＿＿＿＿＿：

你单位于　　年　　月　　日提出申请。经审查，存在如下问题：

请针对以上问题你进行整改，在现场评定结束满3个月后提交书面整改报告，申请复核评定。

（印章）

年　　月　　日

附件Ⅱ-5

公路水运工程试验检测机构
等级评定不予通过决定书

编号：

______：

你单位于　　年　　月　　日提出申请。经审查，存在如下问题：

根据《公路水运工程试验检测管理办法》，决定对你单位提出的申请不予通过。

（印章）

年　　月　　日

附件Ⅱ-6

试验检测项目评审任务书

编号：

省工程质量监督站：

你站于　　年　　月　　日提出的单位试验检测项目申请。经审查，同意对该项目进行评审。

评审时间：　　年　　月　　日至　　年　　月　　日

评审专家：

请你站通知被评审检测机构提前做好评审准备，并配合评审专家做好对该项目的评审工作。

（印章）

年　　月　　日

附件Ⅱ-7

试验检测项目评定决定书

编号：

省工程质量监督站：

你站于　　年　　月　　日提出的单位试验检测增项申请，经组织专家进行现场评审，认为其符合《公路水运工程试验检测管理办法》规定的条件、标准，现准予通过。（增项范围见附表）

（印章）

年　　月　　日

附件Ⅲ 公路水运工程试验检测机构等级评定现场工作用表

附件Ⅲ-1

现场评审会议签到表

<table>
<tr><td colspan="2">被评审机构名称</td><td colspan="2"></td></tr>
<tr><td colspan="2">申请等级</td><td colspan="2">□公路工程综合甲级 □桥梁隧道专项 □交通工程专项
□水运工程材料甲级 □水运工程结构甲级</td></tr>
<tr><td colspan="2">评审性质</td><td colspan="2">□初次评审 □换证评审 □增项评审</td></tr>
<tr><td colspan="2">会议名称</td><td colspan="2">□首次会 □末次会 □座谈会</td></tr>
<tr><td colspan="2">会议日期</td><td></td><td>会议地点</td></tr>
<tr><td colspan="4">参加会议人员签名</td></tr>
<tr><td></td><td>姓名</td><td>职务(职称)</td><td>单位</td></tr>
<tr><td rowspan="4">评审组</td><td></td><td></td><td></td></tr>
<tr><td></td><td></td><td></td></tr>
<tr><td></td><td></td><td></td></tr>
<tr><td></td><td></td><td></td></tr>
<tr><td rowspan="7">被评审机构</td><td></td><td></td><td></td></tr>
<tr><td></td><td></td><td></td></tr>
<tr><td></td><td></td><td></td></tr>
<tr><td></td><td></td><td></td></tr>
<tr><td></td><td></td><td></td></tr>
<tr><td></td><td></td><td></td></tr>
<tr><td></td><td></td><td></td></tr>
<tr><td rowspan="4">监督人员</td><td></td><td></td><td></td></tr>
<tr><td></td><td></td><td></td></tr>
<tr><td></td><td></td><td></td></tr>
<tr><td></td><td></td><td></td></tr>
<tr><td rowspan="5">特邀人员</td><td></td><td></td><td></td></tr>
<tr><td></td><td></td><td></td></tr>
<tr><td></td><td></td><td></td></tr>
<tr><td></td><td></td><td></td></tr>
<tr><td></td><td></td><td></td></tr>
</table>

附件Ⅲ-2a

公路水运工程试验检测机构现场评分表

类别	考核项目	规定分值	评分标准	评分
人员12分	相关专业高级职称人数	2分	低于规定人数，按实有人数与规定人数比率与规定分相乘计算得分	
	*技术负责人	2分	1. 按能力等级标准第3项，不符合扣1分；2. 熟悉质量管理体系及相关技术标准的要求，不符合扣1分	
	*质量负责人	2分	1. 按能力等级标准第3项，不符合扣1分；2. 熟悉质量管理体系及相关技术标准的要求，不符合扣1分	
	*人员专业配置	3分	人员专业配置不符合，每少1人扣1分	
	人员档案	3分	人员证书、合同、隶属关系证明齐全，不符合扣1～3分	
试验检测设备及环境条件12分	仪器设备	8分	非强制性仪器设备配置率不低于80%，低于此比例按每缺1台（套）扣0.5分处理	
	环境状况	4分	1. 试验室布局合理；2. 仪器设备摆放合理整齐；3. 环境整洁干净；4. 环境条件满足检测要求。一处不达标扣0.5分	
管理情况30分	*管理体系运行有效性评价	6分	依照试验室管理认证准则，建立管理体系。1. 管理体系健全，质量文件各要素齐全；2. 各种体系运行记录完整，能有效运转；3. 人员了解运行管理要求并按要求落实。每项不满足扣1～2分	
	*试验记录、报告	10分	1. 档案分类清晰、管理规范、查询方便；2. 相关标准规范收集齐全，现行有效并受控；3. 记录、报告格式规范一致；4. 相关信息完整；5. 更改规范；6. 单位制使用正确；7. 结论表述正确；8. 签字齐全；9. 依据标准正确；10. 无其他错误。每一项不满足要求扣1分，发现伪造报告，取消参评资格	
	仪器设备管理	10分	1. 有专人管理仪器设备，固定存放地点；2. 使用记录齐全完整；3. 仪器设备档案齐全完整；分类清晰、管理规范、查询方便（4分）4. 各种标识齐全、规范；5. 设备按规定维护、保养；6. 仪器设备按规定检定、校准；7. 自校规程齐全并严格执行。第6项每1台仪器未检定、校准扣1分，其余每一项未达到扣1分	
	样品管理	4分	1. 标识清晰，信息齐全；2. 保管规范；3. 流转有序；4. 盲样管理规范。每一项不满足要求扣1分	
水平测试38分	实际操作	38分	见"现场评分细化表"	
工作业绩8分	*业绩	8分	1. 曾因试验检测失误造成损失或引发纠纷，每一起扣3分；2. 每一个强制性参数无业绩或模拟报告扣0.5分	
合计		100分		

注：1. 在评审中若发现检测机构未能满足等级评定标准强制性能力要求，即视为不通过，不再填写此表。

2. 本表适用于各能力等级的现场评分。

3. 评分时，对任一考核项目的扣分不超过该项目规定分值。

4. 标"*"项得零分视为现场考核不通过。

5. 专家评审组评分≥85分，予以通过；80分≤评分<85分，需限期整改；评分<80分，不予通过。

附件Ⅲ-2b

公路水运工程试验检测机构水平测试
现场评分细化表

类别	评 分 标 准	规定分值	评分
水平测试 38分	※1. 操作人员持证上岗,上岗不持证每人扣1分	3分	
	2. 环境条件应符合试验规程要求	1分	
	3. 在试验前后分别对所用的仪器设备进行了状态检查测试	2分	
	4. 能够按照标准、规范和规程所规定的方法和步骤完整、规范、熟练操作	6分	
	5. 能够熟练地使用仪器设备	2分	
	6. 所记录的原始记录应是对试验过程的实时记录,记录时有复颂、核对、检查	3分	
	7. 能够熟练正确地进行计算	2分	
	8. 试验报告应按照规定准确、清晰、客观地表述,信息齐全	6分	
	9. 试验的结论正确	3分	
	10. 检测人员签字齐全、有效	2分	
	11. 熟练掌握所承担检测领域的相关的技术要求和方法(根据现场对检测人员的提问评分)	8分	
评分		评审专家	

附件Ⅲ-3

检测机构主要人员审查表

序号	姓名	性别	出生年月	岗位职务 任职部门	学历和专业	职称	检测人员 证书编号	劳动合同 （年限）	聘用合同 （年限）	社会保险 （保险种类）	从事试验 检测年限

附件Ⅲ-4

试验检测仪器设备现场检查表

属性	设备编号	设备名称	型号规格	购买日期	检定/校准周期	检定/校准单位	最近检定/校准日期	仪器设备核查情况	存在的问题
强制性									
非强制性									
缺少的仪器设备	—		—		—	—	—	—	—
	—		—		—	—	—	—	—
	—		—		—	—	—	—	—
试验检测办公用房面积（m^2）			试验检测用房面积（m^2）			总面积（m^2）		备注	

注：1. 设备名称填写时应按申请书试验检测仪器设备一览表所列仪器设备顺序填写。

2.“仪器设备的核查情况”栏由专家核准填写，设备满足要求打“√”，设备不满足要求打“×”。

3.“存在的问题”栏由专家根据发现的问题填写。

附件Ⅲ-5

检测机构检测报告核查缺陷表

序　　号	项　　目	检测报告编号（或模拟检测报告编号）	存 在 缺 陷

附件Ⅲ-6

现场考核技术人员评价记录表

第　　页共　　页

考核的主要内容：

1.具备相应的工作经历；2.具备相应的职责；3.熟悉或掌握检测技术及质量管理体系及程序；4.熟悉或掌握所承担检测领域的相应技术标准方法；5.对检测结果做出相应评价的判断能力

序号	被考核人姓名	职务及职称	检测人员证书编号	评价意见

主考专家签名：

年　　月　　日

附件Ⅲ-7

现场考核试验情况记录表

检测机构名称：　　　　　　　　　　第　　页共　　页

<table>
<tr><th rowspan="2">序号</th><th rowspan="2">检测项目名称</th><th rowspan="2">样品名称</th><th rowspan="2">样品编号</th><th rowspan="2">依据的标准、检测方法</th><th rowspan="2">所用仪器名称型号/编号</th><th rowspan="2">检测人员</th><th colspan="4">实际操作评价</th></tr>
<tr><th>操作规范性</th><th>操作程序完整性</th><th>检测原始记录和报告规范性</th><th>缺陷和错误内容摘要</th></tr>
<tr><td></td><td></td><td></td><td></td><td></td><td></td><td></td><td></td><td></td><td></td><td></td></tr>
<tr><td>备注</td><td colspan="10">主考专家签名：　　评审组长签名：</td></tr>
</table>

附件Ⅲ-8

现场评审专家反馈意见表

总体评价	评 价 意 见		
	存在问题		
	1	人员	
	2	试验检测设备及环境条件	
	3	管理情况	
	4	水平测试	
	5	工作业绩	
评审组长		评审专家	

附件Ⅳ　公路水运工程试验检测机构能力等级现场评审报告

机构名称：
报告编号：
评审组长：
评审时间：

交通部基本建设质量监督总站制

填 表 须 知

1. 本表统一采用 A4 尺寸纸张，内容必须打印，专家评审组对填表内容的真实、可靠性负责。

2. 本表可复印，填写的内容受表格限制时，可按本表格格式增加附页，但须连同正页编第　页，共　页。

3. 本《现场评审报告》适用等级评定和换证。

一、公路水运工程试验检测机构

现场考核评审意见

<table>
<tr><td>检测机构名称</td><td colspan="3"></td></tr>
<tr><td rowspan="3">现场评审意见</td><td>一、总体评价</td><td colspan="2"></td></tr>
<tr><td>二、评审发现的问题及需改进之处</td><td colspan="2"></td></tr>
<tr><td>三、结论及建议</td><td colspan="2">鉴于以上评审意见,评审组认为该机构[符合□基本符合□不符合□]《公路水运工程试验检测管理办法》相关条件和要求,评审组建议:
1. 通过评审。□
2. 该机构根据专家提出的问题认真整改,并在1个月内将整改报告经评审组长确认后,予以通过。□
3. 该机构根据专家提出的问题认真整改,满3个月后提交整改报告,经专家现场复核确认后,予以通过。□
4. 不予通过。□</td></tr>
<tr><td>评审组长</td><td></td><td>评审日期</td><td></td></tr>
<tr><td>评审组成员</td><td colspan="3"></td></tr>
</table>

二、公路水运工程试验检测机构现场评分表

类别	考核项目	规定分值	评分标准	评分
人员 12 分	相关专业高级职称人数	2 分	低于规定人数,按实有人数与规定人数比率与规定分相乘计算得分	
	* 技术负责人	2 分	1. 按能力等级标准第 3 项,不符合扣 1 分;2. 熟悉质量管理体系及相关技术标准的要求,不符合扣 1 分	
	* 质量负责人	2 分	1. 按能力等级标准第 3 项,不符合扣 1 分;2. 熟悉质量管理体系及相关技术标准的要求,不符合扣 1 分	
	* 人员专业配置	3 分	人员专业配置不符合,每少 1 人扣 1 分	
	人员档案	3 分	人员证书、合同、隶属关系证明齐全,不符合扣 1 ~ 3 分	
试验检测设备及环境条件 12 分	仪器设备	8 分	非强制性仪器设备配置率不低于 80%,低于此比例按每缺 1 台(套)扣 0.5 分处理	
	环境状况	4 分	1. 试验室布局合理;2. 仪器设备摆放合理整齐;3. 环境整洁干净;4. 环境条件满足检测要求。一处不达标扣 0.5分	
管理情况 30 分	* 管理体系运行有效性评价	6 分	依照试验室管理认证准则,建立管理体系。1. 管理体系健全,质量文件各要素齐全;2. 各种体系运行记录完整,能有效运转;3. 人员了解运行管理要求并按要求落实。每项不满足扣 1 ~ 2 分	
	* 试验记录、报告	10 分	1. 档案分类清晰、管理规范、查询方便;2. 相关标准规范收集齐全,现行有效并受控;3. 记录、报告格式规范一致;4. 相关信息完整;5. 更改规范;6. 单位制使用正确;7. 结论表述正确;8. 签字齐全;9. 依据标准正确;10. 无其他错误。每一项不满足要求扣 1 分。发现伪造报告,取消参评资格	
	仪器设备管理	10 分	1. 有专人管理仪器设备,固定存放地点;2. 使用记录齐全完整;3. 仪器设备档案齐全完整;分类清晰、管理规范、查询方便(4 分)4. 各种标识齐全、规范;5. 设备按规定维护、保养;6. 仪器设备按规定检定、校准;7. 自校规程齐全并严格执行。第 6 项每 1 台仪器未检定、校准扣 1 分,其余每一项未达到扣 1 分	
	样品管理	4 分	1. 标识清晰,信息齐全;2. 保管规范;3. 流转有序;4. 盲样管理规范。每一项不满足要求扣 1 分	
水平测试 38 分	实际操作	38 分	见"现场评分细化表"	
工作业绩 8 分	* 业绩	8 分	1. 曾因试验检测失误造成损失或引发纠纷,每一起扣 3 分;2. 每一个强制性参数无业绩或模拟报告扣 0.5 分	
合计		100 分		

注:1. 在评审中若发现检测机构未能满足等级评定标准强制性能力要求,即视为不通过,不再填写此表。

2. 本表适用于各能力等级的现场评分。

3. 评分时,对任一考核项目的扣分不超过该项目规定分值。

4. 标" * "项得零分视为现场考核不通过。

5. 专家评审组评分≥85 分,予以通过;80 分≤评分 <85 分,需限期整改;评分 <80 分,不予通过。

三、现场试验项目一览表

<table>
<tr><th rowspan="2">序号</th><th colspan="2">现场试验报告</th><th>标准、规范、规程</th><th rowspan="2">缺陷事实摘要</th><th rowspan="2">备　注</th></tr>
<tr><th>编号</th><th>名称</th><th>名称及代号</th></tr>
<tr><td></td><td></td><td></td><td></td><td></td><td></td></tr>
<tr><td></td><td></td><td></td><td></td><td></td><td></td></tr>
<tr><td></td><td></td><td></td><td></td><td></td><td></td></tr>
<tr><td></td><td></td><td></td><td></td><td></td><td></td></tr>
<tr><td></td><td></td><td></td><td></td><td></td><td></td></tr>
<tr><td></td><td></td><td></td><td></td><td></td><td></td></tr>
<tr><td rowspan="2">综合评价意见</td><td colspan="5">本次试验室现场试验包含项检测标准,共计　项参数。现场试验共出具报告　份。其中存在问题如下:</td></tr>
<tr><td colspan="5">评审组长:＿＿＿＿＿＿评审员:＿＿＿＿＿＿日期:　年　月　日</td></tr>
</table>

四、试验检测能力确认表

序号	试验检测项目	强制性参数	非强制性参数

评定专家组签名：

五、评审组人员签字及联系方式

姓名	单位名称	职称/职务	评审内容	联系方式	签　字

参考文献

[1] 张斌.实验室管理、认可与运作.北京:中国标准出版社,2004.

[2] 杜景星,陈丹英.计量基础知识.北京:中国计量出版社,2001.

[3] 中华人民共和国计量法.北京:中国计量出版社,2000.

[4] 中国实验室国家认可委员会.实验室认可与管理基础知识.北京:中国计量出版社,2003.

[5] 肖诗唐,王毓芳,郝凤.质量检验实验与统计技术.北京:中国计量出版社,2001.

[6] 刘德文,徐锦章.实验室管理.西安:西北大学出版社,1986.

[7] 盛宝忠,倪国良.实用质量检验.上海:上海交通大学出版社,1991.

[8] 张学维,朱维益.质量检验员手册.北京:中国建筑工业出版社,1995.